# Always on

## Macht digitale Kommunikation Unternehmen erfolgreicher?

*Notizen einer ungewöhnlichen Wette*

Günter **Weick** · Gabriele **Neumeier**

**Impressum**

Taschenbuchausgabe 2018

© 2018
Herstellung und Verlag: BoD – Books on Demand, Norderstedt.
ISBN: 9783752846881
© Günter Weick, Gabriele Neumeier 2018
Lektorat: Christiane Hartmann
Layout: Gabriele Bennett

Alle Namen und Handlungen im Buch sind frei erfunden. Ähnlichkeiten mit tatsächlichen Personen oder tatsächlichen Begebenheiten wären zufällig und nicht beabsichtigt.

# Inhalt

# Personen und Unternehmen

| | |
|---|---|
| **Artel Corp.** | Amerikanisches Unternehmen in der Elektronikbranche, versuchte, den E-Mail-freien Freitag einzuführen |
| **Aufsetzer, Theodor** | Aufsichtsratsvorsitzender der Astrall AG, Vorgänger von Hans-Peter Neurath |
| **Bannert, Timo** | Vorstand der Astrall AG, zuständig für IT (CIO) |
| **Berger, Sebastian** | Fahrer des Astrall-Vorstandsvorsitzenden Hans-Peter Neurath |
| **Bohn, Kevin** | Team-Mitglied im MillTech-Akquisitionsteam, Workaholic |
| **Breitschwert, Stephan** | Redner, hält Vorträge über die „Digitale Herausforderung" |
| **BrightFuture** | Investment-Unternehmen das u.a. MillTech besitzt |
| **Hofer, Ruth** | Sekretärin des Astrall-Vorstandsvorsitzenden Hans-Peter Neurath |
| **Helmwein, Clemens** | Vorstandsassistent des Astrall-Vorstandsvorsitzenden Hans-Peter Neurath |
| **Heuberger, Bernd** | Geschäftsführer der Mahler GmbH, Ulm |
| **Jäckel, Udo** | Projektmanager bei Mahler, wechselt zu ProfiPack |
| **Johannsen, Anja** | Finanzvorständin der Astrall AG, Hans-Peter Neuraths designierte Nachfolgerin, *Verfasserin der Voice-to-text-blogs* |
| **Kuhn, Christoph** | Geschäftsführer der ProfiPack GmbH, Neu-Ulm |
| **Mahler-Verpackung GmbH** | Verpackungsmaschinenhersteller für Pharmaindustrie aus Ulm, von Bernd Heuberger geleitet |
| **MillTech Corp.** | Von BrightFuture gehaltener amerikanischer Mischkonzern, zu dem das Verpackungsmaschinenunternehmen MillPack gehört |

| | |
|---|---|
| **MillPack Inc.** | Tochtergesellschaft des amerikanischen Mischkonzerns MillTech Corp. Fehlendes Element, um aus den Verpackungsmaschinen-Töchtern des Astrall-Konzerns einen Global Player zu machen |
| **Neurath, Hans-Peter** | Vorstandsvorsitzender der Astrall AG, *Schreiber des Tagebuchs* |
| **Neurath, Robin** | Sohn des Astrall-Vorstandsvorsitzenden Hans-Peter Neurath, Student |
| **Neurath, Ulrike** | Ehefrau des Astrall-Vorstandsvorsitzenden Hans-Peter Neurath, Arbeitspsychologin, an Universität tätig |
| **ProfiPack GmbH** | Verpackungsmaschinenhersteller für Lebensmittelindustrie, Neu-Ulm. Ging aus Mahler GmbH hervor. Wird von Christoph Kuhn geleitet |
| **Reichelt, Anina** | Leiterin Konzernkommunikation der Astrall AG |
| **Seufzer, Silvia** | Sekretärin der Vorständin Anja Johannsen |
| **Stattmann GmbH** | Wichtiger Kunde der Mahler GmbH, der zunächst die technische Abnahme einer Verpackungsstraße verweigert |
| **Steinmännle, Prof.** | Professor an der Universität München, wird von Hans-Peter Neurath mit einer Studie beauftragt |
| **Tatjana** | Studienkollegin von Anja Neurath. Soziologin |
| **WGT SE** | Deutscher DAX-Konzern, hat die E-Mail-Server in der Freizeit gesperrt |
| **Wollschläger, Prof.** | Professor der Kommunikationswissenschaften, führt für Anja Johannsen eine Studie durch |
| **Zannoni, Franziska** | Vorständin der Astrall AG, zuständig für Personal |
| **Zeitlinger, Peter** | Team-Mitglied im MillTech-Akquisitionsteam, Workaholic |

# Die Wette

# Donnerstag, 22. September

**Tagebuch Hans-Peter Neurath:**

Dass meine Tage als Vorstandsvorsitzender in knapp fünf Jahren vorbei sein werden kann ich akzeptieren, ebenso, dass meine designierte Nachfolgerin bereits an Bord ist. Ich kann sogar damit leben, dass ich diese Quotenfrau auf ihre künftige Aufgabe vorbereiten soll. Was ich nicht durchgehen lassen kann, ist die fehlende Professionalität, die Anja Johannsen an den Tag legt. In der Vorstandsrunde hat ihr Smartphone heute ständig vibriert und ich wette, auch ihr aufgeklapptes Notebook hat nicht nur Finanzdaten gezeigt. Sie hat ständig auf dem Touchpad herumgespielt und ein paar Mal sogar getippt. In der Pause verschwand sie dann mitsamt ihren Geräten. Weder ihre steile Karriere noch ihre jungen Jahre rechtfertigen eine solche Unhöflichkeit. Ich werde das unter vier Augen thematisieren müssen.


# Freitag, 23. September

**Sprache-zu-Text-Blog Anja Johannsen:**

Ich fass' es nicht! Hans-Peter wollte mich doch tatsächlich darüber „aufklären", wie ich meinen Job zu machen habe. Nicht den als Finanzvorständin der Astrall SE wohlgemerkt, sondern den als Führungskraft. Seiner Meinung nach kommuniziere ich erstens zu viel und zweitens zu viel elektronisch. Wie bitte? Kommunikation gehört nun wirklich zu den Kernaufgaben einer Managerin – eine Aufgabe, der sich Hans-Peter übrigens über weite Strecken verweigert. Zumindest was die direkte Mitarbeiter-Kommunikation angeht, da ist er völlig passiv. Hans-Peter hat weder eine Seite im Astrall-internen Sozialen Netzwerk noch postet er Beiträge. Bei ihm läuft die gesamte Mitarbeiterkommunikation gefiltert über die Kommunikationsabteilung. Das ist echt finsteres Mittelalter. Heute wollen Mitarbeiter auch mit ihrem Top-Management im direkten Austausch stehen. Anlass für Hans-Peters Auftritt als Oberlehrer war offensichtlich, dass ich gestern während des Meetings Messages und ein paar Artikel im Intranet gelesen habe. Dabei nutzte ich lediglich Leerzeiten. Ich sehe nicht ein, am Abend eine Dreiviertelstunde länger im Büro zu bleiben, wenn ich die Arbeit während der Diskussion um Themen erledigen kann, die mich ohnehin nicht betreffen.

## Sonntag, 25. September

### Tagebuch Hans-Peter Neurath:

Robin war übers Wochenende zu Hause. Ulrike kochte für unseren Sohn groß auf. Beim Essen erzählte ich von Anja Johannsens Online-Manie. Robin ergriff sofort Anjas Partei. Er sagte, Anja wäre eben eine moderne Managerin. Das würde jemand wie ich, der noch mit Sekretärin, Diktaphon, Kalendern und Notizbüchern arbeitet, natürlich nicht verstehen. Mit meiner antiquierten Arbeitsweise würde ich es bei Astrall heutzutage nicht einmal mehr zum Gruppenleiter bringen. Was glaubt Robin denn eigentlich? Nur weil er BWL studiert, hat er noch lange keine Ahnung davon, was einen Manager wirklich erfolgreich macht! So ein Ignorant!

### Sprache-zu-Text-Blog Anja Johannsen:

Ich ärgere mich immer noch über unseren Herrn Vorstandsvorsitzenden. Weiß Hans-Peter wirklich nicht, dass sein Vertrag vor allem wegen seiner veralteten Denke ausläuft? Ohne Frau Hofer, seine Sekretärin, wäre Hans-Peter hilflos. Ich bezweifle, dass er mit dem Smartphone mehr als telefonieren kann. Dabei ist er erst Ende fünfzig! Theodor Aufsetzer mit seinen siebzig Jahren beherrscht dagegen die modernen Technologien aus dem Effeff. Deshalb wird Aufsetzer wohl den Aufsichtsrat noch immer leiten, wenn Hans-Peter schon lange in Rente ist. Jedenfalls will ich diese Zurechtweisung nicht auf mir sitzen lassen. Morgen werde ich mit Hans-Peter darüber sprechen.

# Montag, 26. September

**Tagebuch Hans-Peter Neurath:**

Anja Johannsen denkt nicht daran, ihren Arbeitsstil zu ändern. Sie hält ihn für zeitgemäß und effizient. Wenn sie in Meetings E-Mails lese, störe das außer mir niemanden. Diesem aus ihrer Sicht nicht existierenden Nachteil stünden angeblich unzählige Vorteile gegenüber. Beispielsweise habe sie aus unserem Vorstandsmeeting heraus am Freitag noch rechtzeitig eine Aktion stoppen können, die Astrall sonst einige hunderttausend Euro gekostet hätte. Das mag schon sein, ich denke aber trotzdem, dass mein Arbeitsstil erfolgreicher ist als dieses Always-on-Getue, das Anja in den Vorstand gebracht hat. Fragt sich nur, wie ich ihr das vermitteln kann.

# Mittwoch, 28. September

**Tagebuch Hans-Peter Neurath:**

Frau Hofer hat bei ihrer Kollegin, Anjas Sekretärin, recherchiert. Laut dieser bearbeitet Anja alle ihre elektronischen Nachrichten eigenhändig – massenhaft, auch in der Freizeit und im Urlaub. Anjas Sekretärin beklagt, dadurch vieles nicht mitzubekommen, was ihre Chefin macht. Anja ist zudem im Astrall-internen sozialen Netz aktiv, pflegt ihr Profil selbst und postet ständig Nachrichten. Ihren firmeninternen Tweet haben angeblich einige tausend Mitarbeiter abonniert. Wusste überhaupt nicht, dass dort außer der Personalabteilung noch irgendjemand etwas veröffentlicht! Wobei laut Tim Bannert die neuen Technologien allgemein nur recht wenig genutzt werden. Gegenüber Tim Bannert hat Anja bereits mehrmals den Wunsch nach WhatsApp im Konzern geäußert. Fragt sich, ob sie mit diesem Verhalten wirklich für den Posten der Vorstandsvorsitzenden taugt. Wer auf ihrer Hierarchieebene derart viel Zeit mit Tippen verbringt, verzettelt sich schnell im Kleinkram und verliert den Gesamtüberblick. Davon, dass dann die Zeit für wirklich Wichtiges fehlt, ganz zu schweigen. Vielleicht sollte ich Theodor Aufsetzer auffordern, die Nachfolge-Entscheidung noch einmal zu überdenken. Wobei Aufsetzer wahrscheinlich nicht zuhören wird. Der hat sich regelrecht in Anja verguckt. Ist immer noch stolz, dass er sie zu Astrall holen konnte.

## Freitag, 30. September

**Tagebuch Hans-Peter Neurath:**
Habe mich heute bei unserer Personalvorständin erkundigt, ob jene jungen Mitarbeiter, die sparsamer mit modernen Kommunikationsmitteln arbeiten, erfolgreicher sind als jene, die ständig an Smartphone und E-Mail hängen. Franziska Zannoni meinte, das könne sie nicht beantworten, weil es solche jungen Mitarbeiter schlichtweg nicht mehr gebe. Alle Jungen nutzten E-Mail, Messaging etc. intensiv. Das gehört jetzt anscheinend zur Grundausstattung neuer Mitarbeiter. Meine Frage, wer denn im Konzern für die E-Work- und E-Communication-Kultur zuständig sei, hat Franziska zunächst nicht verstanden. Dann meinte sie, das müsse im Verantwortungsbereich von Timo Bannert liegen. Als CIO habe er alle Themen rund um die Informationstechnologie unter sich.

## Montag, 3. Oktober

**Tagebuch Hans-Peter Neurath:**
Auch Timo Bannert wusste mit dem von mir erfundenen Begriff „E-Work- und E-Communication-Kultur" nichts anzufangen. Als ich ihm erklärte, dass ich damit eine einheitliche, effiziente und vor allem effektive Verwendung elektronischer Kommunikationsmittel im Konzern meine, winkte er ab. Damit habe er nichts zu tun. Er stelle lediglich moderne Kommunikations-Systeme bereit. Was die einzelnen Fachbereiche und Mitarbeiter damit machten, liege

in deren Verantwortung. Mein Versuch bei Anina Reichelt von der Konzernkommunikation lief ebenso ins Leere. Sie fühlt sich nur für das Bespielen der offiziellen Kommunikationskanäle (Website, Intranet, …) zuständig. Dafür, wie unsere Mitarbeiter untereinander und mit der Außenwelt kommunizieren, sei sie nicht verantwortlich. Eine zentrale Steuerung sei auch gar nicht möglich. Bei der elektronischen Kommunikation würde jeder Mitarbeiter traditionell nach eigenem Gusto verfahren. Ich halte fest: Bei Astrall kümmert sich niemand um eine übergreifende Kommunikationskultur. Jeder Mitarbeiter macht im Endeffekt, was er will. Frage: Kann es Astrall wirklich gleichgültig sein, wie und was die Mitarbeiter kommunizieren? Ist jeder Arbeitsstil für unsere Ziele gleich gut geeignet? Ich glaube nicht! Falls aber doch: Sollte es trotzdem einen einheitlichen Standard geben? Beim Straßenverkehr ist es ja auch prinzipiell gleichgültig, ob auf der linken (England) oder rechten Straßenseite (Kontinent) gefahren wird. Aber es wäre extrem ineffizient und unsicher, wenn jeder einzelne Autofahrer entscheiden dürfte, auf welcher Seite er gerade fährt. Deshalb ist auch noch kein einziger Staat auf die hirnrissige Idee gekommen, den Fahrern diese Entscheidung zu überlassen. Bei der elektronischen Kommunikation tut Astrall das aber offensichtlich.

## Mittwoch, 5. Oktober

**Tagebuch Hans-Peter Neurath:**
Die Sache mit dem Arbeitsstil lässt mich nicht mehr los. Ich bin davon überzeugt, dass die sogenannte „moderne Arbeitsweise" schlecht für Astrall ist. Meine Art zu arbeiten dagegen wurde bereits von meinen Vorgängern perfektioniert. Sie hat den Wirtschaftsaufschwung Deutschlands zustande gebracht und auch in meiner Vorstandsägide Astralls Börsenwert mehr als verdreifacht. Braucht es mehr Beweise? Astrall könnte einen Quantensprung machen, wenn sich unsere Mitarbeiter – gegen den Trend – an meinem Arbeitsstil orientieren würden, anstatt sich von den elektronischen Kommuni-

kationsmitteln treiben zu lassen. Dazu müsste allerdings Anja als künftige Chefin einsehen, dass sie auf dem falschen Weg ist. Ich habe keine Ahnung, wie ich sie davon überzeugen soll. Anja ist auf diesem Auge total blind. Sie hat mit ihrem Arbeitsstil Karriere gemacht und hält ihn für überlegen. Und das Team, das sie zu Astrall mitgebracht hat, bestärkt sie darin. Jeder darin ist praktisch mit seinen elektronischen Geräten zusammengewachsen. Ich muss auch zugeben, dass sie einiges bewegen.

## Donnerstag, 6. Oktober

### Tagebuch Hans-Peter Neurath:

Hatte diese Nacht eine geniale Idee! Werde Anja beweisen, dass man mit diesem Immer-mit-allen-vernetzt-und-im-Austausch-Sein-Unsinn weniger zustande bekommt als mit meinem Arbeitsstil. Bin gespannt, ob sich Anja darauf einlässt. Das Ganze soll bei der Mahler GmbH und der ProfiPack GmbH über die Bühne gehen. Die sind etwa gleich groß, in ähnlichen Märkten aktiv und – das Beste von allem – sie brauchen gerade beide neue Geschäftsführer. Das ist eine einmalige Gelegenheit! Kandidaten habe ich auch schon im Auge! Freue mich diebisch auf das Ganze. Natürlich darf das auf keinen Fall bekannt werden.

### Sprache-zu-Text-Blog Anja Johannsen:

Ich bin entsetzt. Und unglücklich darüber, dass ich in diese Geschichte hineingeraten bin. Hier die Details: Hans-Peter Neurath hat mir heute eine verquere Wette angeboten. Er will zwei Ulmer Tochterunternehmen mit ausgewählten Geschäftsführern besetzen. Einer soll so altmodisch arbeiten wie er selbst und der andere soll zeitgemäß agieren. So will er herausfinden, welcher Arbeitsstil der erfolgreichere ist. Und er will mit mir darauf wetten, dass „sein" Kandidat, also derjenige mit dem von ihm bevorzugten Arbeitsstil, die besseren Ergebnisse erzielt. Hans-Peter dachte an zwei Leute aus dem High-Potential-Pool, Max Heuberger und Stephanie Hermessen. Heuberger ist ein modern arbeitender Manager und als solcher rund um die Uhr für das Unternehmen erreichbar. Frau Hermessen dagegen versucht als alleinerziehende Mutter ihre Aufgaben innerhalb der täglichen Arbeitszeit zu erledigen. Sie limitiert ihre Erreichbarkeit sowohl im Unternehmen als auch in der Freizeit, was sie natürlich benachteiligt. Ich habe diese Kandidatenauswahl abgelehnt. Mann gegen Frau geht gar nicht. Wenn Frau Hermessen sich im Laufe der Wette als weniger erfolgreich erweist, was zwingend passiert, wenn sie nicht so viele Stunden wie ihr Konkurrent einsetzen kann und zudem von Hans-Peter zu einer antiquierten Arbeitsweise gezwungen wird, dann begründet Hans-Peter das im Nachgang sicherlich mit unterschiedlichen Kommunikationsstilen von Frauen und Männern.

Ich fand mich plötzlich in einer Diskussion über die optimalen Kandidaten wieder. Hans-Peter nahm das als eine implizite Zustimmung zu seinem Wettvorschlag und mir gelang kein eleganter Rückzug. Ich war kurz versucht, Stefanie Salzer anstelle von Heuberger zu positionieren. Sie ist das Musterbeispiel einer modern arbeitenden Frau. Das wäre eine gute Möglichkeit gewesen, gleich zwei Frauen in verantwortliche Positionen zu hieven. Aber ich hatte Skrupel. Zumindest für eine geht die Wette schlecht aus - wahrscheinlich sogar für beide. Ich will keine Frauen verbrennen, wir haben ohnehin zu wenige passende Kandidatinnen für Top-Management-Positionen. Wir einigten uns deshalb letztendlich auf zwei Männer, Max Heuberger und Christoph Kuhn. Kuhn hat sich bei einer Diskussion im High-Potential-Pool dahingehend geoutet, dass er sein Handy am Wochenende ausschaltet. Ich bezweifle aber, dass das reicht, um Hans-Peters Vorstellung von „effektivem Arbeitsstil" zu erfüllen. Insgesamt fühle ich mich unwohl. Man spielt nicht mit Menschen. Komme ich da noch einmal heraus?

## Freitag, 7. Oktober

**Tagebuch Hans-Peter Neurath:**
Anja findet meine Idee interessant. Sie würde auf Heuberger setzen, aber nur, wenn ein Mann gegen ihn antritt. Habe also Christoph Kuhn anstelle von Frau Hermessen benannt. Anja will außerdem

entscheiden dürfen, in welches der beiden Unternehmen Heuberger gehen soll. Sie verlangt ein paar Tage Bedenkzeit, weil sie die Unternehmen nicht kennt. Kein Wunder. Die Mahler GmbH und die ProfiPack GmbH gehören nicht zum Kerngeschäft. Habe Frau Hofer beauftragt, Anja die Eckdaten der Firmen zu schicken.

## Montag, 10. Oktober

### Sprache-zu-Text-Blog Anja Johannsen:

Ich habe mir die beiden Ulmer Unternehmen angesehen. Beide stellen Verpackungsmaschinen her, Mahler für die pharmazeutische Industrie und ProfiPack für die Lebensmittelindustrie. Obwohl ProfiPack in einem anderen Markt tätig ist, werden die ProfiPack-Leute von Mahler-Mitarbeitern als „Verräter" und „Ideendiebe" bezeichnet, weil ProfiPack in den siebziger Jahren von drei abtrünnigen Mahler-Konstrukteuren gegründet wurde. Neid spielt wahrscheinlich auch eine Rolle, weil sich ProfiPack als innovativer und schneller erwies und aktuell etwa 300 Mitarbeiter mehr beschäftigt als Mahler.

## Dienstag, 11. Oktober

### Tagebuch
### Hans-Peter Neurath:

Anja ist für Überraschungen gut! Sie will Max Heuberger mit der behäbigen Mahler GmbH und nicht mit der innovationsfreudigen ProfiPack GmbH ins Rennen schicken. Bei ProfiPack hätte sie sicherlich leichter nachweisen können, dass

**Die Wette**

Anja wettet, dass Max Heuberger mit seiner Mahler GmbH erfolgreicher sein wird als Christoph Kuhn mit seiner ProfiPack GmbH, sofern ihm erlaubt wird, seinen „Always-on"-Kommunikationsstil im gesamten Unternehmen zu etablieren (während das Christoph Kuhn und ProfiPack verwehrt wird). Ich wette dagegen und behaupte, dass Christoph Kuhn mit ProfiPack erfolgreicher als Heuberger sein wird, wenn er sich eher auf bewährte Arbeitsprinzipien stützt.

**Bewertet werden die Dimensionen**
- Prozentuales Umsatzwachstum
- Mitarbeiterzufriedenheit
- Innovationsrate
- Unternehmerische Agilität

sich moderne Medien positiv auf die Performance auswirken. Zumal ProfiPack auch wirtschaftlich besser dasteht. Aber wenn Anja sich die Sache schwer machen will, soll es mir recht sein.

Die Wette ist jedenfalls finalisiert. Sie läuft bis sechs Monate vor Ende meines Vertrags, also knapp vier Jahre. Wenn ich gewinne, geht Anja für eine Woche ohne Handy und Laptop in ein Schweigekloster. Verliere ich, muss ich das jährliche internationale Management-Meeting außerhalb Deutschlands stattfinden lassen. Ich weiß zwar, dass Anja das Meeting nach meinem Weggang künftig ohnehin ins Ausland verlagern wird, aber mir ist die Zustimmung trotzdem schwergefallen. Dieses ganze „International Identity"- und „Diversity-&-Inclusion"-Gerede ist mir fast so suspekt wie die Always-on-Geschichte. Wie dem auch sei: Freue mich schon, Anja Johannsen in ein Kloster verschwinden zu sehen.

## Mittwoch, 12. Oktober

### Sprache-zu-Text-Blog Anja Johannsen:

Es ist mir nicht gelungen, aus der Wette auszusteigen. Ich konnte aber durchsetzen, dass wir nur die puren Fakten und die aus den jeweiligen Arbeitsstilen entstehenden Vorteile beurteilen, nicht aber die Nachteile. Ich habe keine Lust, mir ständig anzuhören, dass moderne Medien Nachteile haben. Das mag ja sein, aber die Vorteile überwiegen einfach dramatisch.

## Freitag, 14. Oktober

### Tagebuch Hans-Peter Neurath:

Habe Theodor Aufsetzer mitgeteilt, dass ich bei der Besetzung der beiden Ulmer Geschäftsführerpositionen meine Finger im Spiel haben werde. Hatte mir eine schöne Begründung dafür zurechtgelegt. War aber gar nicht nötig.

## Sonntag, 16. Oktober

**Tagebuch Hans-Peter Neurath:**

Heute gegen Mittag habe ich Frau Hofer angerufen und ihr eine
E-Mail an Heuberger und Kuhn diktiert. Sie sollen sich mit aussa-
gekräftigen Unterlagen für die Geschäftsführerpositionen bewer-
ben. Die E-Mail an Heuberger ging sofort raus. Die E-Mail an Kuhn
schickt sie morgen früh. Mal schauen, ob unser Herr Heuberger
wirklich auch sonntags „always-on" ist. Kuhn dagegen will ich
erst gar nicht auf den Gedanken bringen, er müsse am Wochenende in seine E-Mails schauen.

Habe Ulrike von meinem kleinen Experiment erzählt. Sie meinte,
das wäre wieder mal „ein typischer Neurath". Hat mich gefragt,
was ich davon erwarte. Ein wissenschaftlich fundiertes Ergebnis
käme da niemals raus. Ein wissenschaftlich fundiertes Ergebnis!!! Es hat schon seine Gründe, weshalb Ulrike an der Uni geblieben ist und ich in die Wirtschaft gegangen bin.

## Montag, 17. Oktober

**Tagebuch Hans-Peter Neurath:**

Unglaublich, Heuberger scheint wirklich ständig online zu sein! Seine ausgedruckten Bewerbungsunterlagen lagen bereits heute Morgen auf meinem Schreibtisch, abgeschickt gestern um 17:21 Uhr.
Und das bei diesem traumhaften Wetter! Was seine Frau wohl dazu
gesagt hat? Auch wenn ich es ungern zugebe: Die schnelle Reaktion hat mich beeindruckt. Kuhn hat zwar auch bereits fünf Stunden
nach dem Erhalt der E-Mail seine Unterlagen geschickt – also nicht
länger zum Abgeben gebraucht als Heuberger – aber nachdem ich
Heubergers Unterlagen schon so lange auf dem Tisch hatte, wirkte
Kuhns Reaktion recht spät. Seltsam, diese Wahrnehmung.

## Dienstag, 18. Oktober

**Sprache-zu-Text-Blog Anja Johannsen:**
Hans-Peter rafft es einfach nicht. Er wunderte sich doch tatsächlich darüber, dass Heuberger auch am Wochenende arbeitet. Hans-Peter unterscheidet offenbar immer noch stark zwischen „Arbeiten" und „Leben". Dabei sind das heute überhaupt keine Gegensätze mehr. Arbeit ist kein Gegenpol zum Leben, sondern ein wichtiger Teil davon – auch in der Zeit, die Hans-Peter als Freizeit bezeichnet. Auf der anderen Seite ist es natürlich vollkommen in Ordnung, während der offiziellen Arbeitszeit Privates zu erledigen. Aber das ist offensichtlich jenseits der Vorstellungskraft unseres geehrten Vorstandsvorsitzenden.

## Freitag, 21. Oktober

**Sprache-zu-Text-Blog Anja Johannsen:**
Wenn ich diese dumme Wette schon nicht vermeiden kann, soll sie zumindest professionell ablaufen. Zur Messung der Dimension „Unternehmerische Agilität" habe ich Hans-Peter ein Punktesystem vorgeschlagen, mit dem relevante Beobachtungen gewichtet werden (1 = geringes Gewicht, 10 = hohes Gewicht). Die Werte werden in eine einfache Datenbank eingetragen. Hans-Peter hat zugestimmt. Er hat seine Frau Hofer zum Gespräch hinzugezogen, der ich gezeigt habe, wie die Beobachtungen und Werte in der Datenbank zu erfassen sind. Wegen seiner Unfähigkeit in einfachsten technischen Belangen weiß jetzt also schon eine dritte Person über unsere Wette Bescheid.

**Tagebuch Hans-Peter Neurath:**
Anja hat auf einem Server eine Datenbank angelegt, in die wir Beobachtungen zur „Unternehmerischen Agilität" eintragen können (das hat sie wirklich SELBST gemacht!!! Sie meinte, es wäre aufwändiger, es der Sekretärin zu erklären, als es schnell mal selbst zu erledigen). Anja hat sogar eine Graphik programmiert (auch SELBST! Dass die so etwas kann!!). Sie wollte mir beibrin-

gen, wie ich Beobachtungen und Werte in die Datenbank eintragen kann. Ich habe aber lieber Frau Hofer dazugeholt. Nachher hat sich Anja verwundert darüber geäußert, dass ich Frau Hofer damit über unsere Wette in Kenntnis gesetzt hätte. Schließlich sei unser privates Experiment ein recht sensibles Thema. Irgendwie leben Anja und ich doch in unterschiedlichen Welten. Wenn Frau Hofer plaudern würde, könnte mich das in mehreren Fällen meinen Job kosten – zumindest aber den Astrall-Kurs deutlich nach oben oder unten treiben. Im Vergleich dazu ist die Wette wirklich belanglos. Wie kann Anja bloß ihren Job erledigen, ohne ihrer Sekretärin absolut zu vertrauen? Mir ein völliges Rätsel! Vielleicht macht sie aber ihren Job auch gar nicht so richtig? Ich muss ihr künftig etwas mehr auf die Finger schauen.

## Montag, 24. Oktober

### Sprache-zu-Text-Blog Anja Johannsen:

Ich weiß nicht genau, ob ich total entsetzt oder doch auch fasziniert bin. Hans-Peter hat die Personalvorständin beauftragt, alle Konzern-Mitarbeiter zu ihrer aktuellen Arbeitszufriedenheit zu befragen. Franziska Zannoni war begreiflicherweise verwundert, da die nächste reguläre Befragung erst in einem Jahr ansteht. Hans-Peter Neurath hat dann irgendetwas über die Gefahr von Abwerbung in der aktuellen Konjunkturlage erzählt. Unglaublich, dabei geht es ihm doch ausschließlich um die Ausgangsbasis für unsere Wette. Er befragt tatsächlich fast 200.000 Mitarbeiter, nur um herauszubekommen, was etwas mehr als 2.000 denken. Eine derartig freche Maßnahme zur Geldverbrennung kann nur einem Machtmenschen wie Hans-Peter einfallen.

## Donnerstag, 17. November

### Tagebuch Hans-Peter Neurath:

Hatte heute die neuen Geschäftsführer von Mahler und Profi-Pack bei mir. Jeden für sich, versteht sich. Max Heuberger habe ich gesagt, er sei als Geschäftsführer gewählt worden, weil sein Umgang mit den neuen Medien der Schlüssel für Astralls Zukunft sei. Ich habe ihm klar gemacht, dass er „den trägen Haufen bei Mahler in das neue Zeitalter bringen" und dort „endlich mit der 9-to-5-Mentalität aufräumen" müsse. Der Termin mit ihm war nach zehn Minuten vorüber. Alles weitere, so sagte ich ihm, könnten wir ja per E-Mail erledigen. Kuhn habe ich das mit E-Mail natürlich nicht gesagt. Stattdessen habe ich ihm eine ganze Stunde gewidmet. Ihm gegenüber bezeichnete ich die „ständige Erreichbarkeit und ununterbrochene Kommunikation" als „echtes Krebsgeschwür" und den „größten Produktivitätskiller". In ihm würde ich den richtigen Mann sehen, bei ProfiPack „ordentlich aufzuräumen". Die Leute sollten „lieber wieder etwas mehr arbeiten, als ständig zu kommunizieren und sich vor der Arbeit zu drücken". Habe sowohl Kuhn als auch Heuberger danach zu Anja geschickt. Offiziell wurden ProfiPack und Mahler nämlich von mir aufgrund ihrer geographischen Nähe zu München dazu ausgewählt, Anja in Vorbereitung auf ihre künftige VV-Rolle in den nächsten Jahren Einblicke in die operativen Tätigkeiten von Tochtergesellschaften zu geben. Heuberger gegenüber habe ich angedeutet, er könne versuchen, Anja als Mentorin zu nutzen, da sie ähnlich „modern und technologieorientiert" sei wie er. Kuhn habe ich gesagt, dass ich nötigenfalls als Mentor bereitstehe. Das Feld ist also aufgebaut. Das Spiel kann beginnen!

**Sprache-zu-Text-Blog Anja Johannsen:**
Heuberger und Kuhn haben sich vorgestellt. Beide nette, kompetente und engagierte Mitarbeiter. Heuberger war richtig begeistert, dass Hans-Peter ihm alle Freiheiten zusichert, um Mahler technologisch auf den neuesten Stand zu bringen. Er hat mir auch sofort Kontaktangebote auf Xing und LinkedIn geschickt. Kuhn dagegen kam mir reserviert vor. Er scheint Hans-Peters Vorgaben nicht besonders reizvoll zu finden. Kein Wunder. Er hat von Anfang an verloren. Er tut mir wirklich leid.

# Jahr 1

## Aller Anfang ist (nicht) schwer

# Donnerstag, 1. Dezember

**Tagebuch Hans-Peter Neurath:**
Es geht los! Heuberger und Kuhn haben ihre Jobs in Neu-Ulm, respektive Ulm, angetreten.

# Montag, 12. Dezember

**Sprache-zu-Text-Blog Anja Johannsen:**
Franziska Zannoni präsentierte heute der Vorstandsrunde die Ergebnisse der Mitarbeiterbefragung. Damit haben wir eine Ausgangs- und Vergleichsbasis für unsere Wette. Hans-Peter hat Franziska erklärt, dass er die Befragung bis auf weiteres jährlich durchführen möchte, „um die Mitarbeiterzufriedenheit im Auge zu behalten". Der ist wirklich unverfroren. Ich habe Hans-Peter gesagt, dass ich Astrall-Packaging als eine Art Benchmark für ProfiPack und Mahler mit einbeziehen möchte. Wenn wir schon ein drittes Verpackungsmaschinenunternehmen im Konzern haben, dann sollten wir dieses auch nutzen. Auch wenn ich die Wette krank finde, möchte ich einen gewissen Standard sicherstellen. Hans-Peter findet die Idee gut. Erkenntnis aus Franziskas Mitarbeiterbefragung:

| Mitarbeiterzufriedenheit<br>(0 = äußerst unzufrieden,<br>10 = äußerst zufrieden) | Astrall Packaging | ProfiPack | Mahler |
|---|---|---|---|
| Image des Unternehmens | 7 | 9 | 7 |
| Kenntnis der Ziele (Unternehmen / Bereich / Abteilung) | 6 | 7 | 6 |
| Einflussmöglichkeit auf die Zielerreichung | 4 | 5 | 4 |
| Zufriedenheit mit Arbeitsbedingungen | 7 | 7 | 7 |
| Zufriedenheit mit Kollegen & Management | 6 | 7 | 6 |
| Stressfreies Arbeiten | 6 | 6 | 6 |
| Zufriedenheit mit Entlohnung | 8 | 8 | 8 |
| Optimistischer Ausblick in die Zukunft | 6 | 8 | 7 |
| **Gesamt (Durchschnitt)** | **6,25** | **7,13** | **6,38** |

Bei ProfiPack sind die Leute wesentlich zufriedener als bei Mahler. Astrall Packaging schneidet noch etwas schlechter ab.


## Donnerstag, 15. Dezember

**Tagebuch Hans-Peter Neurath:**
Ulrike hat mir einen hohen Stapel Bücher auf den Schreibtisch gelegt, alles Literatur über die Auswirkung elektronischer Kommunikation. Sie meinte, mein Experiment hätte sich damit wohl erledigt. Ich bin nach dem Überfliegen der Inhalte anderer Meinung. In den Büchern geht es um Work-Life-Balance, Achtsamkeit etc. etc. – also darum, wie sich Smartphone & Co auf unsere Person und auf unser privates Umfeld auswirken. Sogar darüber, dass elektronische Medien Menschen nachweisbar unglücklicher machen, gibt es offensichtlich ausreichend Studien. Bei unserer Wette geht es aber um etwas ganz anderes. Darum, ob Unternehmen durch die Omnipräsenz von Smartphone & Co leiden oder profitieren. Das hat nur indirekt etwas mit der persönlichen Befindlichkeit der einzelnen Mitarbeiter zu tun. Wenn überhaupt. Außerdem behandeln praktisch alle Bücher die negativen Nebenwirkungen der digitalen Gesellschaft. Und genau die negativen Seiten will Anja bei unserer Wette ja explizit ausgeblendet haben. Ihrer Meinung nach sollen die Vorteile für sich sprechen. Ist mir recht. Die Überlegenheit meiner Arbeitsweise ist offensichtlich.


## Dienstag, 20. Dezember

**Tagebuch Hans-Peter Neurath:**
Die Vorstellung, wir könnten unser Experiment ohne großes Aufsehen durchziehen, war wohl etwas blauäugig. Timo Bannert, im Vorstand für IT zuständig, beschwerte sich heute massiv über Max Heuberger und Anja Johannsen: Heuberger wolle bei Mahler Apple-Geräte einführen und Anja gebe ihm Rücken-

deckung dafür. Ich solle die beiden an die bei Astrall gültigen IT-Konzernstandards erinnern. Ihn zu beruhigen war schwer – und noch viel schwerer, ihn zur Kooperation zu bewegen. Es ging letztendlich nur, indem ich ihn zumindest ein wenig einweihte. Ich erzählte ihm, wir wollten an Mahler ausprobieren, wie sich die Unternehmenskultur ändert, wenn man Tochtergesellschaften bei der elektronischen Kommunikation große Freiheiten gibt. So im Sinne „man muss gelegentlich alte Paradigmen hinterfragen". Ich habe angedeutet, dass wir Mahler als unwichtig genug betrachten, um das Unternehmen gegebenenfalls abstoßen zu können, falls der Versuch aus dem Ruder laufen sollte. Ich habe ihn zu absolutem Stillschweigen verdonnert. Dass wir mit Profi-Pack ein zweites Eisen im Feuer haben, habe ich natürlich verschwiegen. Ebenso die kleine Wette.

Timo Bannert hat allerdings zwei Bedingungen gestellt. Zum einen will er, dass Mahler offiziell als Testfall geführt wird. Andernfalls könne er sich vor Begehrlichkeiten anderer Konzernteile nicht mehr retten. Seine zweite Bedingung war hochinteressant: Nur jene Mahler-Mitarbeiter sollen vom Konzernstandard abweichen dürfen, die Astrall schriftlich das Zugriffsrecht auf alle ihre Daten einräumen. Laut Bannert dürfen wir aktuell – rechtlich gesehen – nicht auf die E-Mails unserer Mitarbeiter zugreifen. Nicht einmal, wenn jemand im Urlaub oder vielleicht sogar schon ausgeschieden oder gar tot ist. Und nicht einmal, wenn der Wirtschaftsprüfer auf die Bekanntgabe der Informationen besteht! Offenbar hängt das damit zusammen, dass wir die private Nutzung unseres E-Mail-Systems bislang toleriert haben. Das muss man sich einmal vorstellen! Astrall darf ohne explizite Zustimmung der Mitarbeiter nicht auf Informationen zugreifen, die Astrall gehören! Bannert hat mir das als Skizze aufgezeichnet. Strukturierte Daten, die in Datenbanken von SAP & Co liegen, enthalten vor allem Details von Geschäftstransaktionen und sind laut Bannert datenschutztechnisch kein Problem. In unstrukturierten Daten stecke dagegen unser Know-how. Und auf geschätzte 50 Prozent davon dürfen wir nicht zugreifen, weil sie in elektronischen Nachrichten stecken.

Als ich ihm zusagte, dass natürlich jeder Mahler-Mitarbeiter, der ein Apple-Gerät haben möchte, seine Daten für Astrall freigeben müsse, hat sich Bannert regelrecht für das Experiment erwärmt. Ich bin gespannt, wie Heuberger auf die Bedingung reagiert. Und wie Anja.

## Mittwoch, 21. Dezember

### Sprache-zu-Text-Blog Anja Johannsen:
Auf Hans-Peters Bitte hin prüften unsere Juristen, inwieweit Astrall das elektronische Postfach eines Mitarbeiters einsehen darf. Tatsächlich ist der Zugriff ohne die Zustimmung des Beschäftigten gesetzlich verboten. Eine Zuwiderhandlung wäre ein Straftatbestand, für den die Organe des Unternehmens, in letzter Konsequenz also Hans-Peter, geradestehen müssten. Hans-Peter hat auf diese Informationen sehr emotional reagiert. Und er wollte sofort ein dickes Minus für die elektronische Kommunikation in unser Wettkonto eintragen. Ich musste ihn also daran erinnern, dass wir uns darauf geeinigt hätten, nur auf die Vorteile der jeweiligen Arbeitsstile zu schauen. Ist der Mann nicht nur gnadenlos altmodisch, sondern etwa auch schon verkalkt?

### Tagebuch Hans-Peter Neurath:
Bannert hat eine Einverständniserklärung verfassen lassen, die es in sich hat. Die muss jeder bei Mahler unterschreiben, der ein Apple-Gerät anstelle eines Windows- bzw. Android-Geräts nutzen will. Im Endeffekt verkauft er damit seine Seele – oder zumindest alle Daten, die er jemals mit einem Firmengerät erzeugt. Bin gespannt, ob das wirklich jemand unterschreibt. Heuberger und Anja haben jedenfalls nicht aufgeschrien, als sie den Text sahen.

# Mittwoch, 11. Januar

**Sprache-zu-Text-Blog Anja Johannsen:**
Wie erwartet, ist die Apple-Einführung bei Mahler ein voller Erfolg. Alle sind scharf auf die angesagten Geräte und unterzeichnen dafür selbstverständlich die Erklärung. Selbst der Betriebsrat hat sein Interesse angemeldet. Das ist ein positives Beispiel für „tit for tat". Wenn man den Menschen etwas bietet, dann sind sie auch bereit, etwas zu geben. Weil sich Mitarbeiter, die erst vor kurzem ein neues Firmenhandy oder ein neues Notebook erhielten, beschwert haben, habe ich mit Hans-Peter abgesprochen, dass selbst neue Geräte getauscht werden können. Timo Bannert ist angesichts der Flut an Einverständniserklärungen regelrecht high. Ich bin auch zufrieden. Für Mahler ergibt sich daraus die erste Gutschrift in der Kategorie „Unternehmerische Agilität".

**Tagebuch Hans-Peter Neurath:**
Unglaublich! Anscheinend muss man den Leuten nur ein schickes Spielzeug geben und sie werfen ihr Bedürfnis nach Privatsphäre über Bord.

Anja hat „Zugriff auf alle Firmendaten" als Vorteil für Heubergers Arbeitsweise in die Datenbank eingetragen und das mit zehn Punkten bewertet. Irgendwie unbefriedigend. Ich könnte einwenden, dass der Anstoß dafür eigentlich von Bannert und nicht von Heuberger kam. Aber das ist müßig. Fakt bleibt, Heuberger hat mit seinem elektronischen Spielzeug etwas geschafft, was im ganzen Astrall-Konzern offenbar vorher noch niemandem gelungen ist.

Anja will die Einführung der Apple-Geräte zusätzlich als Innovation bewertet sehen. Das hat offenbart, dass wir uns über die Messung des Kriteriums „Innovationsrate" bislang zu wenig Gedanken gemacht haben. Ich sehe darin primär die Anzahl der angemeldeten Patente. Anja hat einen breiteren Innovationsbegriff. Sie subsumiert darunter jede Produkt-, Struktur- und Prozessinnovation. Wir haben uns geeinigt, zunächst eine Liste der

Sachverhalte zu führen, die wir als innovativ ansehen und am Schluss der Wette dann gemeinsam zu entscheiden, welches Unternehmen innovativer war.

## Donnerstag, 12. Januar

### Tagebuch Hans-Peter Neurath:

Habe mich erkundigt, was Kuhn macht. Er arbeitet an einer Firmenrichtlinie zum Umgang mit elektronischen Medien. Hoffentlich kommt er bei ProfiPack bald in die Pötte. Heuberger rührt bei Mahler jedenfalls schon kräftig. Die Mahler-Personalchefin berichtet begeistert, Heuberger sei es innerhalb weniger Wochen gelungen, Aufbruchstimmung bei der Belegschaft zu wecken. Das kann wohl kaum nur mit dem Verteilen von Nicht-Standard-Hardware zusammenhängen. Oder? Kuhn wirkt dagegen wie tot. Ich hätte doch auf Frau Hermessen bestehen sollen. Die ist keine solche Schlaftablette.

## Freitag, 13. Januar

### Sprache-zu-Text-Blog Anja Johannsen:

Die Tochtergesellschaften haben die Bücher des letzten Geschäftsjahres abgeschlossen. Damit liegen auch in der Kategorie „Umsatzwachstum" die Basiswerte für unsere Wette vor. ProfiPack

**Entwicklung von Umsatz und Gewinn (in Mio €)**

|  |  | Vorjahr | Aktuell |
|---|---|---|---|
| **Astrall Packaging** | Umsatz | 334 | 341 |
|  | Gewinn | 32 | 33 |
| **ProfiPack** | Umsatz | 378 | 390 |
|  | Gewinn | 45 | 45 |
| **Mahler** | Umsatz | 268 | 274 |
|  | Gewinn | 24 | 24 |

führt beim Umsatz deutlich vor Mahler und hat ihn auch etwas stärker gesteigert. Beide Unternehmen waren besser als Astrall Packaging. Jetzt zählt, wer von nun an schneller wächst.

# Montag, 16. Januar

**Tagebuch Hans-Peter Neurath:**
Die Kacke ist am Dampfen! Kuhn ist mit seiner Firmenrichtlinie
bei ProfiPack voll gegen die Wand gefahren! Seine strikte Vorgabe, deutlich weniger elektronisch zu kommunizieren, führte zu
einer Revolte. Die Führungsmannschaft empört sich, dass bei
ProfiPack gebremst würde, während die Mahler GmbH Gas gibt.
Ich verstehe jetzt, weshalb Anja auf Mahler und nicht auf Profi-
Pack gesetzt hat. Alles was bei ProfiPack als nicht innovativ angesehen wird, führt dort automatisch zu Widerstand. Mahler kann
dagegen gegenüber dem Erzrivalen ProfiPack nur gewinnen. Und
wenn die mal Oberwasser haben, dann werden wohl auch ihre
betriebswirtschaftlichen Kennzahlen besser. Bislang waren die
nicht berauschend. Eine Verbesserung ist für Mahler also einfacher machbar als für ProfiPack. Anja hat offenbar ein Gespür für
so etwas! Dabei hatte ich das bislang für mich reklamiert. Wie
konnte ich die Situation so falsch einschätzen? Werde ich alt?
Kuhn ist jedenfalls eine Niete!

# Mittwoch, 18. Januar

**Sprache-zu-Text-Blog Anja Johannsen:**
Ich habe für die Aufbruchsstimmung bei Mahler zehn Punkte angemel-
det. Hans-Peter wollte sie mir nicht geben. Er sieht offenbar seine Hoff-
nungen schon platzen. Wir haben uns geeinigt, jetzt zwei Punkte in die
Datenbank einzutragen und Mahler die vollen zehn Punkte zum Ende des
Jahres zu geben, wenn die gute Stimmung bis dahin anhält. Kuhn hat
noch keinen einzigen Punkt gesammelt. Ich verstehe nicht, warum sich
Hans-Peter darüber wundert. Das war vorhersehbar.

## Donnerstag, 19. Januar

**Tagebuch Hans-Peter Neurath:**
Anja aalt sich in den ersten Erfolgen. Als würde eine einzige Schwalbe einen Sommer machen. Langfristig wird sie ganz schlecht aussehen. Aber dazu muss ich Kuhn ersetzen. Er macht das nicht richtig.

## Freitag, 20. Januar

**Tagebuch Hans-Peter Neurath:**
Ich sitze in der Bredouille. Anja meinte, ich könne Kuhn gerne austauschen, aber damit sehe sie die Wette als gewonnen an. Das geht natürlich nicht. Keine Ahnung, was ich tun soll.

## Dienstag, 24. Januar

**Sprache-zu-Text-Blog Anja Johannsen:**
Heute Nacht kam mir der Gedanke, dass es wahrscheinlich gar nicht so gut wäre, wenn ich die Wette vorzeitig beenden würde. Solange sie läuft, wird Hans-Peter stillhalten, also nicht versuchen, seine verqueren Vorstellungen im Konzern durchzusetzen. Da die Wette bis kurz vor seinem Ausscheiden läuft, kann er danach keinen größeren Schaden mehr anrichten. Bliebe nur noch die Sorge, dass Hans-Peters „Vorbild" negativ im Unternehmen wirkt – typischerweise „stinkt der Fisch vom Kopf her". In diesem Fall brauche ich mir darüber aber wohl keine Sorgen zu machen. Ich sehe nicht einmal ansatzweise jemanden, der sich in Sachen Arbeitsstil an Hans-Peter orientiert. Alle Vorstandskollegen lesen ihre E-Mails selbst und beantworten sie zumindest gelegentlich selbst – die Manager auf den Hierarchie-Ebenen darunter ohnehin.

# Freitag, 27. Januar

**Tagebuch Hans-Peter Neurath:**

Kuhn bekommt doch noch einmal eine Chance! Zumal er wahrscheinlich nicht alleine Schuld an der Misere trägt. Ulrike meinte, ich hätte ihn falsch gebrieft und ich muss zugeben, dass da etwas dran sein könnte. Eigentlich geht es mir per se ja gar nicht um weniger elektronische Kommunikation. Vielmehr habe ich das Gefühl, dass die Leute durch dieses ständige Kommunizieren nicht mehr die wirklich wichtigen Dinge tun. Dass sie also das Gefühl dafür verlieren, was wichtig und was unwichtig ist. Und dass sie sich auch nicht mehr wirklich verantwortlich fühlen. So klar habe ich das vorher nicht gesehen. Kuhn war heute bei mir und ich habe ihm meine Zielsetzung klar gemacht: Ich will, dass die Mitarbeiter elektronische Kommunikation nur als das ansehen, was es ist – ein Mittel zum Zweck. Sie sollen nur wenn nötig kommunizieren. Ich erwarte von ihm, dass er das vorlebt. Er schien erleichtert. Er weiß aber nicht, dass sich morgen Abend sein Schicksal entscheidet. Wenn er die Prüfung morgen vergeigt, dann ist er einfach nicht der richtige Mann.

# Sonntag, 29. Januar

**Tagebuch Hans-Peter Neurath:**

Der gestrige Test war hochinteressant. Ich hatte Heuberger und Kuhn mit ihren Frauen zu einem Abendessen beim angesagten Nobelitaliener in Schwabing verdonnert. Vorgeblich, damit sich die beiden besser kennenlernen. In Wirklichkeit eben wegen des Tests. Frau Hofer schickte dazu beiden während des Essens eine E-Mail, die sie (in meinem Namen) aufforderte, bis Montagabend ihre jeweilige Verkaufsprognose abzuliefern. Frau Hofer hat ausdrücklich geschrieben, die Antwort müsse nicht am Wochenende erfolgen. Heuberger schrieb trotzdem innerhalb einer Minute zurück, er werde sich darum kümmern. So weit hatte ich das erwartet. Was mich überraschte war der Umstand, dass die verlangten Zahlen vom Mahler-Verkaufsleiter innerhalb einer Stunde eintrafen. Dabei hatte Heuberger ihm lediglich die E-Mail weitergeleitet. Offenbar liest auch der seine E-Mails am Wochenende. Interessant! Hat er das schon immer getan? Oder ist das ein Heuberger-Effekt? Ich tippe auf Letzteres.

Kuhns Reaktion sollte über sein Schicksal entscheiden. Selbst wenn er seine E-Mails normalerweise am Wochenende nicht abruft, so hat er doch in diesem konkreten Fall sicherlich durch Heuberger von der E-Mail erfahren. Ich hatte mir vorgenommen, Kuhn von ProfiPack abzuziehen, falls er – so wie Heuberger – sofort reagieren würde. Das hat er nicht getan. Bis heute ist noch keine Antwort von ihm eingetroffen, was zeigt, dass er Prioritäten setzen kann und genügend Rückgrat hat, Druck auszuhalten. Ich versuche es also wirklich noch einmal mit ihm.

## Montag, 30. Januar

### Sprache-zu-Text-Blog Anja Johannsen:

Hans-Peter hat sich selbst ein Bein gestellt. Mit seinem angeblichen Test hat er klar aufgezeigt, wie man dank elektronischer Medien die Reaktionsgeschwindigkeit enorm erhöhen kann. Ich habe für Heuberger einen Punkt und für den Vertriebsleiter fünf Punkte in die Datenbank „Unternehmerische Agilität" eingetragen. Hans-Peter hat eingewendet, die schnelle Reaktion am Wochenende sei überhaupt nicht nötig gewesen. Aber seit wann beschweren wir uns darüber, wenn jemand Erwartungen übererfüllt? Hans-Peter hat offenbar noch nicht verstanden, dass in der neuen Welt die 9-to-5-Haltung nicht mehr gilt. Die Leute wollen arbeiten können, wann, wo und wie es ihnen gerade gefällt. Und sie bringen dabei Leistungen, die früher nicht möglich gewesen wären.

**Tagebuch Hans-Peter Neurath:**

Die gute Nachricht: Die ProfiPack GmbH hat die Absatzprognose für das laufende Jahr fristgerecht abgeliefert. Die schlechte Nachricht: Anja beansprucht für die schnelle Reaktion Heubergers und seines Verkaufsleiters Punkte. Ich bezweifle zwar, dass die Wochenendarbeiterei der Erholung und den familiären Beziehungen zuträglich ist, aber wir schauen bei unserer Wette ja nur auf die Vorteile für das Unternehmen. Und da muss ich Anja leider recht geben: Astrall profitiert. Wir bekommen Arbeitszeit, ohne dafür zu bezahlen. Das darf man natürlich nicht zugeben. Gewerkschaft, Betriebsrat und Gewerbeaufsicht würden uns die Hölle heiß machen.

## Dienstag, 7. Februar

**Sprache-zu-Text-Blog Anja Johannsen:**

Die Sache eskaliert. Laut Franziska Zannoni gibt es bei ProfiPack inzwischen eine massive Front des Top-Managements gegen Kuhn. Sie fordern mehr oder weniger unverblümt Kuhns Ablösung. Hans-Peter ist irritiert. Er sagt, das habe er in 32 Jahren Berufstätigkeit noch nie erlebt. Er versteht weder, dass moderne Mitarbeiter selbstbewusst sind, noch, dass man an ihren tiefsten inneren Bedürfnissen rüttelt, wenn man ihnen vorschreiben will, wie sie zu kommunizieren haben. Er wird es wohl auch niemals lernen.

## Mittwoch, 15. Februar

**Sprache-zu-Text-Blog Anja Johannsen:**

Timo Bannert wird zunehmend zum Mitstreiter. Ihn begeistert, dass 98 Prozent aller Mahler-Mitarbeiter mit mobilem Firmen-Telefon oder Notebook die Einwilligungsbestätigung unterzeichnet haben.

# Donnerstag, 16. Februar

**Tagebuch Hans-Peter Neurath:**
War heute im Führungskreismeeting bei ProfiPack. Selten eine
derart frostige Atmosphäre erlebt. Ein Kühlraum ist kusche-
lig dagegen. Wenn ein Vorstand am Tisch sitzt, sind die Leute
ja normalerweise handzahm. Nicht in diesem Fall. Es war überdeutlich, wie Kuhn von jedem Einzelnen geschnitten wurde. Zunächst beeindruckte er mich damit, wie locker er anscheinend
mit diesem Druck umgeht. Seine Rede schockte mich dann aber
gewaltig. Er sagte, dass seine erste große Aktion offensichtlich
vollkommen schiefgelaufen sei. Er sei bei der Einführung einer
neuen Kommunikationskultur wohl zu schnell und ohne Abstimmung vorgegangen, was bei vielen zu Ablehnung geführt hätte.
Er sehe seinen Fehler ein. So weit fand ich das ja noch in Ordnung.
Doch dann fing er damit an, über seine eigenen Gefühle zu reden.
Davon, wie sehr ihn die Zurückweisung des Management-Teams
verletze, wie schlecht er in den vergangenen Wochen habe ab-
schalten und schlafen können. Ich dachte, ich fall' vom Stuhl! Das
geht doch nicht! Nicht als Chef! Vor allem nicht vor so vielen Leuten! Wir sind doch keine Selbsthilfegruppe! Die Führungsmannschaft war ebenfalls völlig perplex.

Seltsamerweise brach es das Eis etwas. Mehrere Führungskräfte
schilderten in recht sachlichem Ton, dass sie und ihre Mitarbeiter sich durch die Richtlinie gegängelt und eingeschränkt fühl-
ten – vor allem auch, weil sie an der Mahler GmbH sähen, dass es
im Konzern offensichtlich auch anders gehe. Zwei drückten sogar ihr Bedauern über Kuhns Verletzungen aus und meinten, das
wäre nicht ihre Intention. Kuhn wiederum betonte, dass er zwar
seine Vorgehensweise bedauere, nicht aber den Kern der Maßnahme. Er glaube weiterhin, dass bei ProfiPack der Mitarbeiter
und die Unternehmensziele im Mittelpunkt stehen müssten – und
nicht irgendein Kommunikationsmittel. Dass er zur Sache stand
und nicht versuchte, die Verantwortung auf mich abzuwälzen,

hat mir dann wieder imponiert. Ich erklärte also dem Team, dass
Kuhn auf meine explizite Anweisung gehandelt hätte.

Große Verwunderung! Auf die Frage nach dem „Warum", blieb mir
nichts anderes übrig, als den Schleier wieder ein bisschen zu lüf-
ten. Ich betonte meine Überzeugung, nach der jene Unternehmen
erfolgreich sein werden, die sich auf das fokussieren können, was
Wert schafft. ProfiPack sei im Konzern als innovative Tochter bekannt, die offen für neue Ansätze sei. Deshalb hätte ich sie ausgewählt, dies zu demonstrieren. Die „innovative Tochter" kam gut
an. Der Vertriebsleiter erkundigte sich, was der Konzern denn an
der Mahler GmbH demonstrieren wolle. Schließlich werfe man
Mahler gerade mit den neuesten technischen Gimmicks zu. Ich
antwortete, wir hätten Mahler als eine Tochter identifiziert, die
eher Traditionellem verhaftet sei. Hier würden wir versuchen,
durch „neues Spielzeug" erst einmal die Offenheit zu generieren,
die ProfiPack schon habe. Darauf aufbauend könne man dann andere Maßnahmen setzen.

An dem Punkt übernahm Kuhn. Er ging zum Flip-Chart und
schrieb groß: „Wir versuchen den nächsten Innovationsschritt".
Dann bat er die Führungsmannschaft darum, mit ihm gemeinsam zwölf Monate an einer innovativen, aufgabenfokussierten
Kultur zu arbeiten. Sollten die Führungskräfte nach diesem
Jahr das Ergebnis als ungenügend betrachten, würde er seinen
Sitz räumen. Kuhn setzte dann seine Unterschrift auf das Flip-
Chart, hielt den Stift hoch und fragte, wer sich noch verpflichten
möchte. Es passierte etwas, das ich nicht für möglich gehalten
hätte: Eine Führungskraft nach der anderen stand auf und un-
terschrieb. Die Kuh ist also zunächst einmal vom Eis. Aber es ist
klar, dass es in nächster Zeit noch keine Erfolge bei ProfiPack geben wird. Und falls Kuhn in einem Jahr seinen Hut nehmen muss,
kann ich meinen Wettgewinn definitiv in den Kamin schreiben.
Vielleicht muss Anja doch nicht ins Schweigekloster.

# Dienstag, 7. März

**Sprache-zu-Text-Blog Anja Johannsen:**
Es macht Freude zu sehen, welche positive Neuausrichtung Heuberger bei Mahler erreicht – und wie hochmotiviert die Mitarbeiter folgen. Ich konnte heute schon wieder sieben Punkte für mich in die Datenbank eintragen. Hans-Peter hat es registriert, säuerlich ☺. ProfiPack hat noch keinen einzigen Punkt. Kuhn hat nun wohl einen externen Berater geholt, der den Transformationsprozess moderieren soll. Hans-Peter war sehr deutlich anzumerken, dass er in dieser Angelegenheit nichts von Beratern hält. Außerdem geht ihm alles viel zu langsam. Gerade ihm, dem Verfechter traditioneller Arbeitsweisen, der letzten hochdekorierten Schnecke ☺.

# Mittwoch, 19. April

**Sprache-zu-Text-Blog Anja Johannsen:**
Für Hans-Peter wird es nun wirklich peinlich. Zwei Trainees, die von Profi-Pack eingestellt wurden, wollen nach Ablauf des Trainee-Programms zu Mahler wechseln. Das hat es in der gesamten Firmengeschichte noch nie gegeben. Aber die beiden finden Mahler einfach innovativer und moderner. Wundert das irgendjemanden? Ich meine: außer Hans-Peter?

**Tagebuch Hans-Peter Neurath:**
Ist das denn die Möglichkeit!? Zwei Trainees wollen von Profi-Pack zu Mahler! Angeblich ist Mahler attraktiver als ProfiPack. Mahler mag neuere Laptops und schickere Smartphones haben, aber bislang hat ProfiPack immer noch eine höhere Innovationsrate, mehr Umsatz und mehr Gewinn pro Mitarbeiter, schnellere Durchlaufzeiten und geringere Ausschussraten. ProfiPack gibt pro Mitarbeiter auch mehr für Weiterbildung aus und hatte in den vergangenen Jahren eine geringere Fluktuation. Gilt das in den Augen der Mitarbeiter denn gar nichts mehr? Schauen die nur noch darauf, ob es hippe Tablet-Computer gibt? Sind wir wirklich schon so weit? Anja hat sich jedenfalls für „höhere

Unternehmensattraktivität dank moderner Kommunikationsmittel" wieder einmal vier Punkte gutgeschrieben. Ich will gar
nicht wissen, wie weit sie inzwischen schon vorne liegt.

## Donnerstag, 4. Mai

**Tagebuch Hans-Peter Neurath:**
So wird das nie etwas! Bei ProfiPack sitzt das Management ständig mit diesem externen Berater in Workshops zur neuen Leitkultur. Ich brauche aber keine Meetings, sondern endlich Ergebnisse! Eine neue Leitkultur brauche ich eigentlich auch nicht. Ich
finde alles, was gerade bei Mahler stattfindet, so unsagbar weit
weg vom wirklichen Thema! Anja wollte sich wieder vier Punkte
gutschreiben, weil sich zwei weitere ProfiPack-Leute bei Mahler
beworben haben. Ich habe das abgelehnt – wir können schließlich
nicht für jeden Personalwechsel Punkte vergeben.

## Mittwoch, 10. Mai

**Tagebuch Hans-Peter Neurath:**
Warum mache ich das alles? Eigentlich sollte die Kulturände-
rung nicht nur ProfiPack, sondern den gesamten Astrall-Konzern
umfassen. Was hindert mich daran, das gleich richtig durchzuziehen?

## Donnerstag, 1. Juni

**Tagebuch Hans-Peter Neurath:**
Endlich! Das ProfiPack-Management hat seine neue Leitkultur
präsentiert. Wurde nach drei Monaten auch Zeit. Im Endeffekt
kamen Dinge raus, die Kuhn oder ich auch schon vorher auf das
Papier hätten schreiben können.

Die Eckpunkte:

(1) ProfiPack ist ein qualitätsorientiertes, innovatives Unternehmen, das für seine Kunden größtmöglichen Nutzen generiert.

(2) Kundenzufriedenheit ist unser wichtigstes Ziel.

(3) Wir arbeiten daher als Team zusammen.

(4) „Team" bedeutet nicht, dass alle das Gleiche tun, sondern dass es klare Verantwortlichkeiten gibt, wobei für jede Aufgabe und jeden Prozess so wenige Personen wie möglich verantwortlich sind.

(5) Die Verantwortung liegt stets möglichst nahe an der Leistungserstellung.

(6) Wir machen alles so einfach wie möglich, gehen zeitnah und offen mit Fehlern um und nutzen sie, um weiterzulernen.

(7) Unsere Mitarbeiter sind unser wichtigstes Gut. Alles, was ihrem langfristigen Wohlbefinden schadet, ist schlecht.

Einen Namen hat das Kind auch: *Do-it!* heißt es. Soll wohl dafür stehen, dass jeder gefordert ist, zu handeln und nicht nur zu reden. Wie gesagt: alles Hausmannskost beziehungsweise gesunder Menschenverstand. Ich gehe ohnehin davon aus, dass das überall bei Astrall gelebt wird. Mir persönlich fehlt in dem Leitbild die Gewinnorientierung, will mich da aber nicht einmischen. Zumal ProfiPack ordentlich Gewinn macht. Interessanter als das Leitbild war für mich die Stimmung im Management. Der Vertriebsleiter und die Personalchefin machten richtig begeistert mit. Die anderen schienen zumindest aufgeschlossen zu sein. Kuhn hat seine Position also deutlich verbessert. Ich habe jedenfalls keine offenen Animositäten mehr gefühlt.

Ich war versucht, mir für die neue Leitlinie einige Punkte in die Datenbank einzutragen, habe mich dann aber dagegen entschieden. Das sind ja alles Gemeinplätze, und eine Auswirkung auf das tägliche Geschäft ist noch sehr zweifelhaft. In meinen privaten Notizen habe ich *Do-it!* aber mal als potentielle Innovation notiert.

# Freitag, 2. Juni

### Tagebuch Hans-Peter Neurath:

Heute längere Zeit mit Kuhn telefoniert. Der ist richtig euphorisch wegen der Ergebnisse. Dabei sind die ja wirklich trivial. Aber gut, soll er seine Freude daran haben. Dagegen hat mich seine Ankündigung, die Leitlinie müsse nun in den nächsten sechs Monaten in die einzelnen Bereiche getragen werden, überhaupt nicht gefreut. Dazu sind jede Menge Workshops geplant, aus denen auch konkrete Maßnahmen für jeden einzelnen Bereich abgeleitet werden sollen. Ich habe Kuhn gesagt, dass das nur Geldmacherei dieses Beratungsunternehmens sei, aber Kuhn ist dabei geblieben, man müsse nun, da das obere Management überzeugt sei, die Mitarbeiter abholen und mitnehmen. Er habe aus seinem Debakel mit der E-Mail-Richtlinie gelernt. Manches brauche eben seine Zeit. Ich meinte, er solle dafür sorgen, dass sich schnell etwas bewegt. Immerhin läuft in sieben Monaten sein Ultimatum ab. Wenn er bis dahin nicht die Mannschaft hinter sich gebracht hat, muss er wohl oder übel seinen Hut nehmen. Und ich kann meine Wette endgültig in den Wind schreiben.

# Mittwoch, 21. Juni

### Sprache-zu-Text-Blog Anja Johannsen:

Ich habe unsere Kandidaten besucht. Zunächst ProfiPack und anschließend Mahler. Die ProfiPack-Mitarbeiter sitzen nur noch in Besprechungen zu dieser neuen *Do-it!*-Leitkultur. Bei Mahler dagegen unternimmt Heuberger energische Schritte gegen die immensen Meeting-Kosten. Er plant, eine Videokonferenzlösung einzuführen. Er hat mir die Software demonstriert. Sie kann geräteübergreifend genutzt werden. Das wird eine ganz tolle Sache.

### Tagebuch Hans-Peter Neurath:

Anja glaubt, Heuberger könne künftig drastisch Reisekosten durch Videokonferenzen sparen. Ich bin da weniger optimistisch.

Wir haben vor über zehn Jahren mit riesigem Aufwand einen Videokonferenzraum in der Hauptverwaltung eingerichtet. Abgesehen von den vier Analystenkonferenzen zu den Quartalszahlen wird er meines Wissens kaum genutzt. Laut Anja kann man die alte Technik mit neuen Methoden überhaupt nicht vergleichen. Heute könne man an jedem PC und sogar vom Handy aus an Videokonferenzen teilnehmen. Ich bin gespannt, ob das wirklich einen Unterschied macht. Video ist und bleibt nun einmal Video.

## Donnerstag, 10. August

**Tagebuch Hans-Peter Neurath:**
Bei ProfiPack bewegt sich nichts! Ich will erst gar nicht wissen, wie viel Kuhn schon für die Moderatoren der unzähligen Workshops zur *Do-it!*-Leitkultur ausgegeben hat. Von den verlorenen Arbeitsstunden ganz zu schweigen. Wahrscheinlich kostet das ein Vielfaches von dem, was Heuberger bei Mahler für das Apple-Spielzeug investiert hat. Wenn die Workshops zumindest behandeln würden, wie man weniger elektronisch kommuniziert. Aber nein! Vor zwei Tagen habe ich in so einen Workshop reingeschaut. Die Teilnehmer redeten darüber, was für Kunden, ProfiPack und sie persönlich letztendlich Wert schafft. Nicht, dass das unwichtig wäre. Aber die brauchen ja ewig, um zum Punkt zu kommen! Die ProfiPack-Personalleiterin hat mir von einer großen Verunsicherung in der Belegschaft berichtet. Viele fragen sich, was das Ganze soll. Ich mich auch!

## Sonntag, 27. August

**Sprache-zu-Text-Blog Anja Johannsen:**
Gestern fand das internationale Astrall-Management-Treffen in München statt. Für das Come-Together am Abend hat Hans-Peter wieder einmal einen Biergarten samt bayrischer Band anmieten lassen. Ganz nett, aber

für einen internationalen Konzern wie Astrall natürlich viel zu provinziell. Habe gegenüber Hans-Peter in Anspielung auf unsere Wette anklingen lassen, dass das Meeting wohl eines der letzten in Deutschland sein wird. Er hat keine Miene verzogen. Heuberger war der Mittelpunkt einer bunt gemischten, internationalen Gruppe. Er hatte einen Spielecomputer mitgebracht, den man am Gürtel trägt, und dazu eine Brille, in die virtuelle Elemente eingeblendet werden. Mit einem speziellen Stab spielte er einen virtuellen Tennisball gegen die Rückwand eines der Imbisshäuschen. Es machte sogar richtig „blob", wenn der Ball gegen die Wand oder den Boden schlug. War eine wirklich faszinierende Simulation. Alle wollten sie ausprobieren. Ich habe auch ein paar Schläge gespielt. Heuberger hat mir gegen ein Uhr morgens dann noch die neu eingetroffene E-Mail eines kalifornischen Verkäufers gezeigt. Dem hat ein Kunde unter dem Siegel der Verschwiegenheit anvertraut, dass eine öffentliche Ausschreibung zu Mahlers Gunsten ausgehen wird. Hans-Peter wird das nicht gefallen. Zeigt diese E-Mail vom Samstag doch, dass auch die amerikanischen Mahler-Leute bereit sind, sich am Wochenende für das Unternehmen einzusetzen.


## Montag, 28. August

### Tagebuch Hans-Peter Neurath:

Natürlich! Anja beanspruchte schon wieder Punkte für Heuberger. Zum einen hätte er mit seinem elektronischen Spielzeug die Kommunikation mit und zwischen den Meeting-Teilnehmern gefördert. Dank des Gadgets habe er sich innerhalb des Astrall-Managements international hervorragend vernetzt, was künftig nur vorteilhaft sein könne. Dagegen habe Kuhn den gesamten Abend lang nur mit seinen Leuten zusammengesessen. Ich musste Anja zwei Punkte zugestehen. Obwohl „Kommunikation fördern" nicht für alle galt. Während Max Heuberger mit seinem Spielzeug brillierte, stand seine Frau den ganzen Abend an einem der Stehtische abseits, schüttete einen Prosecco nach dem anderen in sich hinein und wischte ständig auf ihrem Smartphone herum. Ulrike sprach mit ihr und meinte nachher, sie wäre ziemlich angefressen gewesen. Sie war dann auch relativ schnell weg. Außer den Punkten für das Gadget wollte Anja noch zwei weitere Punkte für die E-Mail eines amerikanischen Verkäufers. Wir haben uns letztendlich auf einen Punkt geeinigt, weil wir so etwas Ähnliches schon einmal hatten. Wobei ich in diesem speziellen Fall – der Corporate Governance wegen – schon eine Gänsehaut habe. Wenn diese E-Mail in die falschen Hände fällt, haben wir ein Problem. Und zwar ein ganz massives. In den USA wird bekanntlich gerne geklagt. Und zwar auf gigantische Schadensersatzansprüche. Warum schreiben Leute Dinge in E-Mails, die gegen Gesetze verstoßen? In einem Brief hätten sie das nie im Leben getan.

## Donnerstag, 28. September

### Tagebuch Hans-Peter Neurath:

Genau vor einem Jahr hatte ich die Idee für die Wette. Irgendwie habe ich mir das aber anders vorgestellt. Manchmal bin ich kurz davor, sie in den Wind zu schreiben. Was mich daran hindert, ist die feste Überzeugung, Recht zu haben. Auch wenn die Datenbank „Unternehmerische Agilität" eine ganz andere Sprache zu sprechen scheint. Aber Unternehmerische Agilität ist ja nur eine der verschiedenen Messgrößen. Wenn die Mitarbeiterbefragung über die Bühne ist und die Umsatzzahlen für dieses Jahr vorliegen, werden wir ein runderes Bild erhalten.

## Dienstag, 3. Oktober

### Tagebuch Hans-Peter Neurath:

Habe mit einem unangekündigten Zwischenstopp in Ulm Heubergers Tagesplanung durcheinander gebracht. Meinetwegen wollte er seine Begrüßungsrede für die Teilnehmer der internationalen Mahler-Vertriebsleiterkonferenz absagen. Habe stattdessen angeboten, ihn zu begleiten. War aber nur eine Videokonferenz.

Heuberger und die meisten Teilnehmer saßen an ihren jeweiligen Schreibtischen. Zwei nahmen aus Hotelzimmern teil. Die Französin und der Spanier waren nur per Audio zugeschaltet. Heuberger vermutete, sie würden in ihren Autos auf Kundenparkplätzen mit schlechtem Handy-Empfang sitzen. Ich denke eher, die saßen im Pyjama am Frühstückstisch. Gleichgültig! Jedenfalls habe ich darauf verzichtet, auf dem Bild zu sein – was an sich schon interessant ist, weil ich ja normalerweise gerne bei solchen Veranstaltungen mein Gesicht zeige. Lag es daran, dass ich auf Heubergers Bildschirm nur „zu Besuch" gewesen wäre? Hätte ich mich anders verhalten, wenn ich einen eigenen Monitor gehabt hätte? Heubergers Begrüßungsansprache ging jedenfalls problemlos über die Bühne. Alles wirkte sehr eingespielt. Selbst der neue mexikanische Vertriebsleiter, der zum ersten Mal dabei war, schien mit der Technik gut zurechtzukommen. Ich muss zugeben, dass mich das beeindruckt hat. Das scheint so einfach wie Telefonieren zu sein. Heuberger hat alle Reisen zu internen Besprechungen grundsätzlich verboten. Mitarbeiter, die glauben, eine Besprechung könne nicht per Videokonferenz stattfinden, müssen sich ihre Reise von ihm persönlich genehmigen lassen. Laut Heuberger hat das noch keiner getan. Ich wundere mich, dass sich Anja dafür noch keine Punkte eingetragen hat.

## Mittwoch, 4. Oktober

### Sprache-zu-Text-Blog Anja Johannsen:

Hans-Peter Neurath hat bei ProfiPack wohl eine ziemlich eindrucksvolle Demonstration moderner Video-Kommunikation bekommen. Jedenfalls hat er meine Forderung nach vollen zehn Punkten unwidersprochen akzeptiert. Die Zahlen sprechen aber auch für sich. Alleine pro Vertriebsleiterkonferenz werden über 40.000 Euro eingespart. Früher benötigten die meisten ausländischen Mitarbeiter für die Reisezeiten und die Teilnahme an der Konferenz zwischen zwei und drei Tagen, die Teilnehmer aus Übersee haben sogar meist noch einen weiteren Tag für Termine in der Hauptverwaltung angehängt. Jetzt sind es für jeden gerade mal ein paar Stunden Aufwand pro Konferenz. Die Konferenzen selbst sind auch kürzer, weil sie nicht nur zweimal pro Jahr, sondern monatlich stattfinden können. Dadurch sind sie natürlich auch aktueller. Für die Video-Konferenzen entstehen praktisch keine Kosten. Smartphones und Computer sind ohnehin vorhanden und die Übertragungskosten mit den Flatrates abgedeckt.

Hans-Peter sollte die begeisterte Aufnahme der Videokonferenz-Software nachdenklich machen. Laut Heuberger werden inzwischen sogar innerhalb des Mahler-Gebäudes die meisten Besprechungen als Videokonferenzen durchgeführt. Die Leute bleiben einfach an ihren Schreibtischen sitzen. Keine verlorenen Zeiten mehr für die Wege zum Besprechungsraum und für den unnötigen Small Talk im Vorfeld. Keine Raumkosten mehr, keine Pausengetränke und keine Kekse. Ich werde mit Timo Bannert sprechen. Je schneller wir Video-Conferencing im Gesamtkonzern einführen, desto besser.

**Tagebuch Hans-Peter Neurath:**
Habe ich es mir doch gedacht! Anja ging auf die vollen zehn Punkte. Angesichts der Argumente konnte ich nicht dagegenhalten. Wie sich Video-Conferencing wohl auf das E-Mail-Volumen bei Mahler niederschlägt? Eigentlich müsste das doch deutlich nach unten gehen. Warum ist bei ProfiPack keiner auf die Idee gekommen, die E-Mail-Flut so zu bekämpfen? Stattdessen sitzen die in ihren Workshops und denken über den Sinn des Lebens nach! Habe Timo Bannert gebeten, einmal eine Statistik über die Nutzung von elektronischen Medien bei Mahler, ProfiPack und Astrall Packaging erstellen zu lassen. Er meinte, das bekäme er auf Knopfdruck.

# Freitag, 20. Oktober

### Sprache-zu-Text-Blog Anja Johannsen:

Timo Bannert wird zunehmend zum Heuberger-Fan. Wahrscheinlich verbringt er demnächst mehr Zeit bei Mahler in Ulm als in seinem Vorstandsbüro in München. Heute berichtete er in der Vorstandsrunde begeistert, Mahler würde gerade mit Information Management und Collaboration die Zukunft realisieren. Ich muss mir das so bald wie möglich anschauen. Es macht Spaß zu erleben, wie Heuberger dem drögen Mahler-Laden neues Leben einhaucht. Hans-Peter machte einen genervten Eindruck. Tja, da hat er sich wohl verrechnet. Und er tut mir kein bisschen leid ;-).

# Donnerstag, 2. November

### Tagebuch Hans-Peter Neurath:

Timo Bannert brachte die Auswertung vorbei, die er mir vor über einer Woche versprochen hat. Von wegen „auf Knopfdruck fertig"! Für Video-Conferencing und Instant Messaging gibt es überhaupt keine Zahlen, die über alle Astrall-Unternehmen hinweg vergleichbar sind. Selbst das E-Mail-Zählen scheint schwierig zu sein. Laut Timo besteht keine Einigkeit darüber, ob eine Astrall-interne E-Mail, die sich an zehn interne Empfänger richtet, als eine E-Mail, als zehn E-Mails oder gar als elf

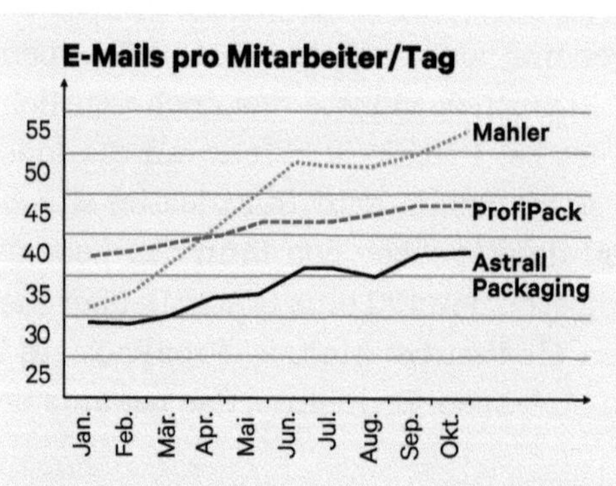


E-Mails gezählt wird. Für E-Mail hatte Timo aber zumindest Zahlen dabei, die unternehmensweit vergleichbar sind. Bei der Mahler GmbH ist der „Heuberger-Effekt" deutlich zu sehen. Timo Bannert war ganz begeistert davon, wie stark ein Geschäftsführer, der persönlich voll auf elektronische Kommunikation setzt, das Kommunikationsverhalten eines gesamten Unternehmens beeinflussen kann. Er will das Diagramm als Best Practice in einem seiner nächsten Vorträge verwenden. Anja hat erst gar nicht versucht, ihre Genugtuung darüber zu verbergen. Eigentlich hatte ich erwartet, die Video-Konferenz-Software würde bei Mahler das E-Mail-Volumen reduzieren. Tut sie aber nicht. Nur während der Urlaubszeit gab es eine Delle. Interessant auch die Entwicklung bei ProfiPack. ProfiPack hatte zum Jahresbeginn noch die meisten E-Mails pro Mitarbeiter. In den vergangenen Monaten ist zwar auch dort das E-Mail-Volumen gestiegen, aber weniger stark als bei den anderen beiden Verpackungsunternehmen. Obwohl Kuhn seine Richtlinie zurücknehmen musste, scheint sie doch etwas bewirkt zu haben. Man könnte natürlich auch sagen, dass die Leute vor lauter Workshops keine Zeit zum Mailen hatten. Sag ich jetzt aber nicht.

## Freitag, 3. November

### Sprache-zu-Text-Blog Anja Johannsen:

Heute hat Frau Hofer die ersten zehn Punkte für ProfiPack gefordert. Und zwar dafür, dass die Leute dort aufgrund ihres niedrigeren E-Mail-Vorkommens Zeit gehabt hätten, sich Gedanken über Grundsätzliches zu machen. Ich habe acht Punkte zugestanden – mehr aus Mitleid denn aus Einsicht. Hans-Peter muss schon ziemlich verzweifelt sein, wenn er die Vorteile seiner Arbeitsweise derart konstruieren muss.

## Montag, 20. November

### Tagebuch Hans-Peter Neurath:

Die Punkte sind schon wieder egalisiert. Franziska Zannoni hat heute die Ergebnisse der neuesten Mitarbeiterbefragung präsentiert. Deprimierend! Nicht insgesamt – konzernweit haben sich die Ergebnisse sogar verbessert – sondern Mahler und ProfiPack betreffend. ProfiPack ist vollkommen abgestürzt. Die Mitarbeiter

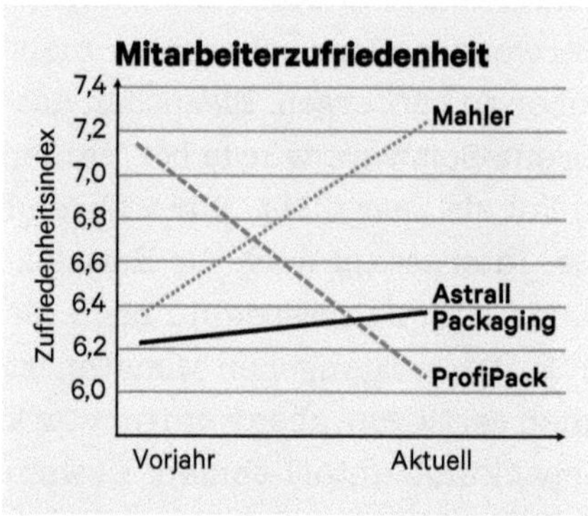



sind bezüglich des Firmenimages, der Ziele und ihres persönlichen Beitrags zum Erfolg verunsichert. Sie fühlen sich gestresst und schauen auch pessimistisch in die Zukunft. Trotz der unzähligen Workshops! Bei Mahler hat die Zufriedenheit dagegen einen riesigen Sprung nach vorn gemacht – und das fast in allen Bereichen. Nur wegen ein paar Spielzeugen und der Narrenfreiheit, sie beliebig nutzen zu dürfen! Unglaublich! Anja kann damit nicht nur in der Kategorie „Mitarbeiterzufriedenheit" einen Zwischensieg bilanzieren, sondern sich auch noch jene acht Punkte gutschreiben, die wir zu Beginn des Jahres vertagt haben. Ich kann jetzt nur auf die Umsatz- und Gewinnzahlen hoffen. ProfiPack lag da ja immer vorn. Als Finanzvorstand kennt Anja die Prognosen der einzelnen Tochtergesellschaften natürlich genau. Aber nachdem sie von sich aus nichts sagt, verkneife ich es mir, sie zu fragen.

## Donnerstag, 30. November

### Sprache-zu-Text-Blog Anja Johannsen:

Man glaubt es nicht! Bei ProfiPack sollen endlich alle Workshops durchgeführt worden sein. Es sollen konkrete Ergebnisse vorliegen. Das Ganze hat ProfiPack in einem Video verarbeitet. Hans-Peter ist zur Präsentation nach Neu-Ulm eingeladen. Das lasse ich mir natürlich nicht entgehen. Ich werde ihn begleiten.

# Jahr 2

## Wie definiert sich Erfolg?

# Mittwoch, 6. Dezember

**Tagebuch Hans-Peter Neurath:**
Anja und ich waren heute bei ProfiPack. Ein Erlebnis! Eine zum Vortragssaal umfunktionierte Werkshalle. Nur Stehtische – selbst für Anja und mich. Über den Köpfen eine riesige Leinwand, rechts und links Lautsprechertürme wie bei einem Rockkonzert. Die Halle proppenvoll – nicht nur mit Leuten aus der Verwaltung, sondern auch aus der Produktion. (Und das, obwohl Arbeiter kaum elektronisch kommunizieren!) Die meisten mit Softdrinkflaschen in Händen, die man sich von Paletten holen konnte. Für uns standen einige Flaschen auf dem Tisch. Aber keine Gläser. Soll das schon das neue Leit-Prinzip „So einfach wie möglich!" symbolisieren? Man kann es definitiv auch übertreiben! Nachdem das Licht ausgegangen war, wurde auf der Leinwand ProfiPacks Erfolgsgeschichte erzählt – in einer rasanten Folge emotionaler Bilder, untermalt von lautstarker Musik. Sehr beeindruckend.

Dann: Auftritt Kuhn. Im Spotlicht auf der Bühne und gleichzeitig überdimensional auf der Projektionswand. Er rief in die Menge, jeder Einzelne hätte in der Vergangenheit zu diesem Erfolg beigetragen. Er forderte die Leute auf, den Erfolg und sich selbst zu beklatschen. Sie hätten das wirklich verdient. Ich wusste gar nicht, dass Kuhn derart begeistern kann! Als es wieder ruhiger wurde, meinte Kuhn, die Welt habe sich geändert, worauf der Film weiterging. Er behandelte die gewandelten Rahmenbedingungen (anspruchsvollere Kunden, komplexere Technologien, kürzere Entwicklungszeiten, internationaler Wettbewerb, Leistungsverdichtung etc. etc.). Sehr gut gemacht! Selbst dem Dümmsten war nach dieser Sequenz klar, dass die jetzige Welt wenig mit den Rahmenbedingungen zu tun hat, die zur Zeit der ProfiPack-Gründung herrschten. Wieder Kuhn auf der Bühne. Er sagte, praktisch alle in der Halle hätten in den vergangenen Monaten daran mitgearbeitet, dass ProfiPack auch unter den geänderten Rahmenbedingungen weiterhin erfolgreich sei. Das war das Stichwort für den nächsten Film, der in schneller Abfolge Management und Mitarbeiter in den einzelnen Arbeitsgruppen zeigte – markig kommentiert und mit lauter Musik unterlegt. Ganz zum Schluss stand der Titel der neuen Leitlinie in riesigen Lettern auf dem Schirm: *Do-it!*

Als das Licht wieder anging, stellte sich Kuhns gesamte Führungsriege in einer langen Reihe neben ihn. Er bedankte sich bei den Leuten in der Halle für die geleistete Arbeit und sprach jedem im Namen des Führungsteams Anerkennung für die Ergebnisse aus. Dann beklatschten er und seine Manager die Mitarbeiter (was die zunächst etwas irritierte – trotzdem kam es toll an). In Folge referierten Kuhn, die Personalleiterin und die Betriebsratsvorsitzende über die anstehende Implementierung von *Do-it!* Sie riefen die Mitarbeiter dazu auf, sich gegenseitig zu unterstützen. Wirklich eine gelungene Veranstaltung. Ich will nicht behaupten, dass bei der Belegschaft unbedingt Jubelstimmung herrschte, aber ich könnte mir vorstellen, dass die Mitarbeiterumfrage etwas besser für ProfiPack ausgefallen wäre, wenn sie erst nach dieser Veranstaltung durchgeführt worden wäre. Anja wirkte nach der Veranstaltung nachdenklich. Sie fühlte wohl den Zeitenwandel.

**Sprache-zu-Text-Blog Anja Johannsen:**
Kuhns Veranstaltung war hochprofessionell, und er hat begeistert. Der Film war natürlich pures Marketing, aber wirklich hochklassig gemacht. Ich habe mir den Namen der Produktionsfirma geben lassen. Trotzdem halte ich das Ganze für overdone. Christoph Kuhn stellt das gesamte Unternehmen auf den Kopf, nur um die Kommunikationskultur zu ändern. Wirtschaftlich ist das nicht.

## Freitag, 15. Dezember

**Tagebuch Hans-Peter Neurath:**
Diesen Tag hat sich Kuhn für die Abstimmung über seine weitere Zukunft ausgesucht. Weil ich anwesend war, als er sein beruf-

liches Schicksal in die Hände seines Führungsteams legte, wollte er mich auch dieses Mal dabei haben. Kuhn machte es kurz. Er bedankte sich bei den Führungskräften dafür, dass sie Wort gehalten und mit ihm an der neuen Leitkultur gearbeitet hatten. Jetzt sei es an ihm, Wort zu halten. Er gab jedem einen Zettel, auf dem man „Gehen" oder „Bleiben" ankreuzen konnte. Als Kuhn für die Abstimmung den Raum verlassen wollte, zerknüllte der Vertriebsleiter seinen Abstimmungszettel und meinte, eine derartige geheime Abstimmung würde nicht dem Geist der neuen Leitkultur entsprechen. Wohl jeder im Raum wäre Frau oder Manns genug, zu seiner Meinung auch öffentlich zu stehen. Er forderte seine Kollegen auf, jeder möge die Hand heben, der für „Bleiben" sei. Alle Hände gingen gleichzeitig hoch. Kuhn war sichtlich gerührt, ich erleichtert.

**Sprache-zu-Text-Blog Anja Johannsen:**
Na gut, dann läuft unsere Wette eben weiter. Dabei hat bei ProfiPack noch überhaupt nichts angefangen. Ich verstehe nicht, weshalb Hans-Peter derart verbohrt ist. Es ist doch mehr als offensichtlich, dass die neue digitalisierte Art zu arbeiten in unsere Zeit passt und bessere Ergebnisse bringt. Eigentlich ist Hans-Peter schlau. Vielleicht kapiert er es ja, wenn er die Finanzzahlen sieht.

# Montag, 18. Dezember

**Tagebuch Hans-Peter Neurath:**
Habe Kuhn gefragt, was sich nun, da seine Personalie geklärt sei, bei ProfiPack tun werde. Er meinte, das in den Workshops Erarbeitete würde nun implementiert, wobei mir ein Workshop-Ergebnis sicherlich besonders gut gefallen würde: Als eine der Messlatten, an denen die neue Leitkultur *Do-it!* gemessen werden soll, haben die Mitarbeiter die innerbetriebliche Kommunikation definiert. Der Inhalt und die Form (bei E-Mail: Verteilergröße etc.) von Kommunikationstransaktionen

würden deutlich machen, ob der Absender seine Verantwortlichkeit lebe oder ob er sich davor drücke. Ferner haben die Mitarbeiter in den Workshops herausgearbeitet, dass E-Mail-Kommunikation zwar für die meisten Funktionen sehr wichtig, aber bei fast keinem Mitarbeiter die Kernaufgabe ist. Daraus hätten die Mitarbeiter Regeln für den richtigen Einsatz von E-Mail abgeleitet. „Im Endeffekt sind die Regeln nicht viel anders als das, was ich vor einem Jahr in meine Richtlinie geschrieben habe", hat Kuhn gemeint. „Nur, dass sie jetzt von vielen Mitarbeitern – zumindest im Prinzip – getragen werden." Laut Kuhn muss in den nächsten 12 Monaten aber noch viel Führungs- und Kommunikationsaufwand betrieben werden, bis die Grundphilosophie *Do-it!* wirklich von allen gelebt wird. Kuhn hat das Organisationsentwicklungshaus beauftragt, den Prozess weiter zu begleiten. Diese Berater bluten ProfiPack noch aus!

## Mittwoch, 20. Dezember

### Sprache-zu-Text-Blog Anja Johannsen:

Heuberger schafft Strukturen. Er etabliert bei Mahler gerade eine eigene Gruppe, die sich nur um die optimale Unterstützung der Mitarbeiter durch elektronische Werkzeuge kümmert. Ich habe für diese Maßnahme Punkte gefordert. Hans-Peter hat sie aber abgelehnt. Ein neues Team bringe per se noch keine Vorteile, im Gegenteil, es koste zunächst erst einmal Geld. Ich habe nicht mit ihm diskutiert. Die Gruppe wird künftig ohnehin noch viele Punkte generieren.

## Donnerstag, 11. Januar

### Tagebuch Hans-Peter Neurath:

Die Zahlen für das vergangene Geschäftsjahr sind da! Astrall hat das beste Ergebnis der Firmengeschichte hingelegt. ProfiPack war dafür aber mit Sicherheit nicht verantwortlich. Eine absolute

Katastrophe! Totaler Einbruch beim Umsatz und vor allem beim Gewinn! Mahler steigerte sich dagegen deutlich. Laut Anja hätte sich die erhöhte Agilität der Mahler-Mitarbeiter auf Zusatzgeschäfte niedergeschlagen. Anja versucht, sich betont cool zu geben. Sie kann nach der Kategorie „Mitarbeiterzufriedenheit" also auch in der Kategorie „Wirtschaftliches Wachstum" einen Vorsprung für sich reklamieren. Von der Kategorie „Unternehmerische Agilität" ganz zu schweigen. Kuhn wird mir da einiges erklären müssen!

### Gewinn & Verlust (in Mio €)

| | | Vorjahr | Aktuell | Änderung |
|---|---|---|---|---|
| **Astrall Packaging** | Umsatz | 341 | 349 | 2,3 % |
| | Gewinn | 33 | 35 | 5,4 % |
| **ProfiPack** | Umsatz | 390 | 379 | -2,8 % |
| | Gewinn | 45 | 34 | -24,0 % |
| **Mahler** | Umsatz | 274 | 292 | 6,5 % |
| | Gewinn | 24 | 25 | 5,3 % |

### Sprache-zu-Text-Blog Anja Johannsen:

Muss man als Vorstandsvorsitzender so beharrlich sein, oder ist das nicht schon eher Altersstarrsinn? Hans-Peter sieht selbst nach den eindeutigen Finanzzahlen keinen Grund, die Wette vorzeitig verloren zu geben. Wie immer ist er unbeirrbar, ein Musterbeispiel totaler Zuversicht. Er meinte, man müsse die Zahlen differenziert sehen. Beispielsweise seien bei ProfiPack die Ausgaben für den Change-Prozess direkt in die Kosten marschiert, während bei Mahler der größte Teil der Ausgaben für modernes IT-Equipment als Investition in der Bilanz stehe. Sowohl er als auch ich wissen, dass das bei ProfiPack vielleicht den Einbruch beim EBIT erklären könnte, aber definitiv nicht den Einbruch beim Umsatz.

# Freitag, 12. Januar

**Tagebuch Hans-Peter Neurath:**
Kuhn redet wirklich nicht um den heißen Brei herum! Der Umsatz ist eingebrochen, weil die Führungsmannschaft im ersten Halbjahr wegen der angespannten Atmosphäre und den anschließenden Management-Workshops abgelenkt war. Auch die Mitarbeiter waren verunsichert. Darunter hat die Akquise neuer Projekte gelitten. Das niedrige EBIT resultiert hauptsächlich aus der im zweiten Halbjahr nicht ausgelasteten Kapazität. Was aber gemäß Kuhn auch seine guten Seiten gehabt hätte, weil nur dadurch so viele Mitarbeiter bei den Workshops hätten mitmachen können. Na Bravo! Für Kuhn ist das Glas wirklich halb voll und nicht halb leer. Aber ich brauche keinen Optimisten, sondern jemanden, der endlich Resultate liefert! Für dieses Jahr hat mir Kuhn bessere Zahlen versprochen. Allerdings auch mit Einschränkungen. Voll beschäftigt wird ProfiPack erst wieder ab März sein. Zum Schluss hat Kuhn noch gemeint, dass ProfiPack immer noch mehr Umsatz und mehr EBIT pro Mitarbeiter mache als Mahler. Ich habe nachgeschaut, es stimmt wirklich. Aber für unsere Wette zählt das nichts. Ich überlege mir gerade, Kuhn einen Macher zur Seite zu stellen. Dagegen wird Anja wohl nichts haben.

# Dienstag, 16. Januar

**Sprache-zu-Text-Blog Anja Johannsen:**
Ich betrachte die Wette als gewonnen, wenn Hans-Peter neben Kuhn einen zweiten Mann bei Mahler etabliert. Ich habe Hans-Peter außerdem gesagt, und zwar so diplomatisch wie möglich, dass die Vorgabe einer antiquierten Arbeitsweise bei ProfiPack zu Problemen führt – und nicht Kuhn. Doch das wollte er natürlich nicht verstehen.

# Mittwoch, 7. Februar

**Tagebuch Hans-Peter Neurath:**

War heute auf dem Rückweg von Stuttgart wieder einmal bei ProfiPack. Kuhn verbreitet Optimismus, ohne mehr vorweisen zu können als Sprüche wie „Die Leute verinnerlichen *Do-it!* zunehmend." Er strapaziert meine Geduld wirklich bis aufs Äußerste. Im Endeffekt überlebt er einzig deshalb, weil ich mir immer wieder seine Motivationsrede bei der Mitarbeiterversammlung sowie die Abstimmung seines Management-Teams vor Augen führe. Auch Anja spricht durchaus gut von ihm. Es steckt anscheinend viel mehr in ihm, als ich für gewöhnlich bei ihm sehen kann.

Anschließend noch ein kurzer Stopp bei Mahler. Dort hat mein unerwarteter Besuch sieben Leute aus Heubergers Büro vertrieben. Jeder mit einem ultramodernen Tablet-Computer ausgestattet. Auf meine Frage hin erzählte Heuberger, dass Mahler seit Jahresbeginn das neueste und leistungsfähigste Equipment für einen Pappenstiel bekomme. Und zwar deshalb, weil bei Mahler seit Jahresbeginn die „Bring-your-own-Device-Policy" gilt. Die Mitarbeiter kaufen sich dieses ganze High-Tech-Zeug privat und nutzen es fürs Unternehmen. Mahler zahlt lediglich einen Zuschuss und einen Teil der Flatrate. Dank der auf den Geräten installierten Sicherheitssoftware soll das vollkommen risikolos sein. Warum habe ich den Eindruck, dass Heuberger immer viel konkretere Dinge macht als Kuhn? Anja wird das sicherlich als Innovation auflisten.

# Freitag, 9. Februar

**Tagebuch Hans-Peter Neurath:**

Wurde heute von meinem alten Schulfreund Bruno angesprochen. Dem ist der Hauptsponsor für seine City-Business-Läufe abgesprungen. Hat gefragt, ob die Astrall AG in die Bresche springen möchte. Habe ihn mit Marketing verbunden und sie sind sich einig geworden. Robin wird sich königlich amüsieren, wenn er erfährt, dass wir die Business-Läufe sponsern. Wo ich doch fürs Joggen in etwa so viel wie fürs E-Mailen übrig habe.

## Montag, 26. Februar

**Sprache-zu-Text-Blog Anja Johannsen:**
Timo Bannert stellte in der Vorstandsrunde die Bring-your-own-Device-Politik von Mahler vor. Seine Mitarbeiter überbieten sich darin, das neueste und leistungsfähigste Gerät mit zur Arbeit zu bringen – sei es Smartphone, Notebook oder Tablet-Computer. Timo Bannert zog den typisch männlichen, aber doch passenden Vergleich: „Wir geben das Geld für einen Mittelklassewagen aus und bekommen von unseren Mitarbeitern dafür die Luxusklasse." Timo sieht vor allem im laufenden Betrieb große Vorteile. Wir haben keinen Verwaltungsaufwand, keine Reparaturen etc. Ich habe gleich im Anschluss an die Sitzung sechs Punkte für diese Bring-your-own-Device-Initiative gefordert. Hans-Peter hätte mir wahrscheinlich sogar mehr zugestanden. Der weiß, dass es keinen Unterschied macht, ob Mahler sechs oder zehn Punkte bekommt. ProfiPack hat nicht den Hauch einer Chance, unseren Vorsprung aufzuholen.

## Donnerstag, 15. März

**Sprache-zu-Text-Blog Anja Johannsen:**
Heuberger beeindruckte als Referent beim Deutschen Astrall-Management-Meeting in Hamburg. Er trug eine persönliche Geschichte als Beispiel für „Paradigmenwechsel im Digitalzeitalter" vor. Er erzählte, wie er im Elektrogroßmarkt beim Kauf einer Kompaktkamera mangels Fachverkäufer eine Abfrage bei Facebook, Xing, LinkedIn und in drei Fotoforen einstellte, in denen er um eine Empfehlung zu drei Digitalkameras seiner engeren Wahl bat. Innerhalb einer Viertelstunde hatte er bereits zwanzig Antworten. Zwei Personen schickten ihm Links zu Tests, drei empfahlen

ein bestimmtes Modell, welches er dann auch kaufte. Im Laufe der nächsten Tage kamen noch weitere Antworten und Empfehlungen. Heuberger betonte, dass das Wissen der Crowd (er nannte es „Schwarmintelligenz") dem Wissen eines Einzelnen immer überlegen sei – ganz besonders den Empfehlungen eines Verkäufers, der natürlich darauf achtet, was am meisten Provision bringt oder was als Ladenhüter endlich raus muss. Heuberger erzählte, dass ihn eine der Kontaktpersonen inzwischen nach seiner Erfahrung mit der neuen Kamera gefragt habe. So sei er vom Ratsuchenden zum Ratgeber geworden. Heuberger bekundete den festen Willen, bei Mahler Systeme zu etablieren, die das Wissen aller für jeden verfügbar machen. Er wirkte sehr überzeugend und erhielt begeisterten Applaus. Ich war ebenfalls ziemlich beeindruckt. Da kann man viel Geld sparen. Selbst an Hans-Peter ging die Message nicht spurlos vorbei. Nachdem alles noch Absichtserklärungen sind, habe ich für „Wissen aus der Crowd" einen Punkt gefordert und er hat gleich zugestimmt.

Auch Kuhn saß mit seinem Management-Team im Auditorium. Sein Applaus für den Vortrag hielt sich in Grenzen. Was er wohl gedacht hat? Heuberger steht immer wieder im Mittelpunkt, war erst letzte Woche groß aufgemacht mit der Bring-your-own-Device-Politik im Firmenjournal, während Kuhn im Konzern praktisch unbekannt ist. Ob ihm bewusst ist, dass er das Hans-Peters schrägen Vorgaben zu verdanken hat?


## Dienstag, 20. März

**Tagebuch Hans-Peter Neurath:**
Kuhn hat für mich in Neu-Ulm jene vier Manager zusammengetrommelt, mit denen er in Hamburg war. Von denen wollte ich wissen, warum sie nach Heubergers Vortrag so verhalten applaudiert haben. Sie meinten, Heubergers Beispiel mit dem Kamerakauf sei für sie abschreckend gewesen. Und zwar deshalb: Heubergers Posting hätten sicherlich 500 Leute gelesen. (Ich glaube sogar, es waren eher mehr. Laut Anja hat Heuberger allein auf Xing über 350 Kontakte.) Wenn jeder Empfänger nur dreißig

Sekunden benötigte, addierte sich die konsumierte Zeit zum Lesen der Frage, zu ihrer Einordnung, zur Entscheidung der weiteren Verfahrensweise und zum Löschen auf insgesamt 250 Minuten. Wenn jene dreißig Leute, die Heuberger geantwortet oder für ihn sogar Testergebnisse herausgesucht haben, durchschnittlich sieben Minuten brauchten, waren das weitere 210 Minuten. Insgesamt wurden also 460 Minuten verbraucht – fast acht Stunden. Bei einem (niedrig angesetzten!) Stundensatz von 50 Euro hat die Auswahl einer 390-Euro-Kamera also etwa 400 Euro gekostet. Das, so Kuhn, sei vollkommen unwirtschaftlich. Womit er absolut Recht hat! Da saßen in Hamburg über 300 hochbezahlte Astrall-Manager im Saal und applaudieren wie wild. Und nur die Leute von der kleinen ProfiPack haben erkannt, dass das absoluter Nonsens ist! Muss mir das zu denken geben? Mahlers Personalleiterin hat dann noch einen draufgesetzt. Die 400 Euro seien im Prinzip nur die Spitze des Eisbergs. Denn immerhin wären bis zu 470 Menschen, die überhaupt nichts zur Lösung hätten beitragen können, in ihrer Arbeit unterbrochen worden. Die hätten in Folge erst wieder in ihre Arbeit hineinfinden müssen, wodurch ein Vielfaches an produktiver Zeit verloren gegangen wäre. Von der psychischen Belastung solcher ständigen Unterbrechungen ganz zu schweigen.

Als ich meinte, dass sich ja zumindest das Ergebnis – die Auswahl der besten Kamera – sehen lassen könne, haben sich die fünf nur angegrinst. Dann hat mich einer gefragt, wie unvoreingenommen wohl jemand gegenüber einem Produkt sein könne, das er selbst gekauft hat. Wie oft ich beispielsweise vom Käufer eines neuen Autos gehört hätte, dass er sich verkauft hat? Im Fall der drei zur Auswahl stehenden Kameras käme noch etwas anderes hinzu. Eines der Kameramodelle wäre ganz frisch auf den Markt gekommen und um Längen besser als die beiden älteren Modelle. Aber natürlich hätten die älteren Modelle schon mehr Nutzer gefunden – das allerälteste naturgegeben am meisten. Da brauchte ich dann gar nicht zu raten, um welches es sich handelt. Wenn ich mir vorstelle, dass Heuberger nun seinerseits zum Kauf dieser alten Kamera rät, vergeht mir definitiv die Freude an dieser ganzen Crowd-Sache. Wobei Kuhn das nicht ganz so negativ sieht wie ich. Er meinte, dass die Crowd schon ihre Vorteile hätte. Man müsste lediglich dafür sorgen, dass die Leute, deren Know-how man anzapft, nicht auf der eigenen Lohnliste stehen – und dass man die gewonnenen Erkenntnisse sehr bewusst interpretiert. Er und seine Leute würden sich darüber schon Gedanken machen. Das nenne ich unternehmerische Agilität! Sowohl Unwirtschaftlichkeit als auch Chance erkennen! Anja wird wenig gegen zehn Punkte sagen können.

**Sprache-zu-Text-Blog Anja Johannsen:**
Hans-Peter forderte für das ProfiPack–Management zehn Punkte für den unternehmerischen Umgang mit dem Crowd-Wissen. Nachdem er die Hintergründe erklärt hat, habe ich die Punkte gewährt, obwohl wirtschaftliches Denken nicht unbedingt etwas mit elektronischen Medien zu tun hat. Ich wundere mich selbst, dass mir die Unwirtschaftlichkeit nicht aufgefallen ist. War ich zu sehr auf Heubergers Geschichte konzentriert? So kommt ProfiPack immerhin zu einigen Ehrenpunkten. Mir tut das nicht weh und Hans-Peter kann etwas Gesicht wahren.

# Donnerstag, 22. März

**Tagebuch Hans-Peter Neurath:**
Mit Heuberger telefoniert. Habe ihm dasselbe gesagt wie vor zwei Tagen seinem Kollegen Kuhn: Ich erwarte, dass Mahler und Profi-Pack beim Ulmer Business-City-Lauf Fahne zeigen. Als Hauptsponsor müssen wir im Teilnehmerfeld deutlich sichtbar sein. Heuberger hatte gleich „eine fantastische Idee", um sein Team zu Höchstleistungen zu führen. Er versprach, das Mahler-Team werde unter den drei schnellsten Teams sein. Wahrscheinlich hat es wieder etwas mit High-Tech zu tun. Nur wird ihm das dieses Mal nichts nützen. Gelaufen wird immer noch mit den Beinen.

# Mittwoch, 28. März

### Sprache-zu-Text-Blog Anja Johannsen:

Ich habe Hans-Peter heute direkt gefragt, ob er nicht aufgeben möchte. Die Wette gilt seit eineinhalb Jahren, seitdem beobachten wir die beiden Unternehmen gezielt und ProfiPack führt bislang nicht in einer einzigen Kategorie. Hans-Peter hat das entschieden abgelehnt. Er meinte, jetzt seien die Grundlagen geschaffen und jetzt werde durchgestartet. Ihm sind wohl die zehn Punkte für die Crowd-Sache zu Kopf gestiegen. Ich glaube, dass er keine Chance hat und das habe ich ihm auch deutlich gesagt. Schließlich ist auch die WGT mit dem Versuch, elektronische Kommunikation zu reglementieren, auf den Bauch gefallen. Ihn hat das nicht angefochten.

### Tagebuch Hans-Peter Neurath:

Anja erwähnte heute ein gescheitertes E-Communication-Projekt bei WGT. Keine Ahnung, was sie meinte. Habe mir aber nichts anmerken lassen. Habe Frau Hofer gebeten, für mich zu recherchieren.

# Dienstag, 3. April

### Tagebuch Hans-Peter Neurath:

Frau Hofer war bezüglich WGT nur bedingt erfolgreich. Es gibt lediglich einige Presseberichte darüber, dass die WGT SE für Tarifangestellte den Zugang zu den E-Mail-Servern in der Freizeit gesperrt hat. Laut Konzernbetriebsrat wolle man dadurch die Mitarbeiter vor Überlastung schützen. Ist es das, was Anja gemeint hat? Oder etwas anderes? Es gibt keinen einzigen Hinweis auf größere Probleme. Frau Hofer hat für Freitag ein Telefonat mit dem Vorstandsvorsitzenden von WGT vereinbart.

# Freitag, 6. April

**Tagebuch Hans-Peter Neurath:**

Jetzt weiß ich Bescheid! Der Vorstandsvorsitzende von WGT sagte, die Sperrung der E-Mail-Server habe sich als ein völliger Rohrkrepierer erwiesen. Die Mehrzahl der Mitarbeiter wäre von Anfang an unglücklich darüber gewesen. Praktisch jeder nennt gute Gründe dafür, weshalb er von der Regelung ausgenommen werden soll. (Um die Sperrung zu umgehen, haben viele Mitarbeiter ihre E-Mails sogar automatisch auf private E-Mail-Accounts weiterleiten lassen und von dort aus auch E-Mails geschrieben, was sicherheitstechnisch natürlich ein riesiges Problem ist.) Inzwischen gibt es so viele Ausnahmegenehmigungen, dass eher die Sperrung die Ausnahme ist. „Die Leute, bei denen der E-Mail-Zugang jetzt noch gesperrt ist, sind diejenigen, die ohnehin nie in der Freizeit E-Mails bearbeitet haben", hat er noch gemeint. Ein riesiger Verwaltungsaufwand für nichts und wieder nichts! Einfach zurücknehmen kann WGT die Entscheidung aber auch nicht, weil sie mit dem Betriebsrat getroffen wurde und auch nur das enthält, was aufgrund der Arbeitszeitordnung ohnehin eigentlich Gesetz bzw. gesunder Menschenverstand ist. Wobei beide bei E-Mail offenbar schlecht miteinander einherzugehen scheinen.

Der Vorstandsvorsitzende erzählte vom amerikanischen Chiphersteller Artel Corp., der einen E-Mail-freien Freitag eingeführt hat. Das ist ebenfalls fulminant gescheitert. Inzwischen wird bei Artel mehr gemailt denn je – natürlich auch freitags. Ein typischer Programmierer unterbricht dort täglich seine Arbeit 60-mal, um neue E-Mails zu sichten. 60-mal! Ein Programmierer! Ich dachte immer, die müssten konzentriert bei der Sache sein! Der Vorstandsvorsitzende meinte, da könne man halt nichts machen. Ich verstehe diesen Fatalismus nicht. Das ist doch die totale Kapitulation! Das ist doch kein „Manager", sondern maximal ein „Verwalter"! Ich kann und will mir nicht vorstellen, dass ein

Herzchirurg eine Operation ständig unterbricht, nur um kurz seine Messages zu checken! Ich bin mehr denn je entschlossen, das Ding durchzuziehen. Und bei uns wird es eine Erfolgsstory werden. Auch wenn Anja das noch nicht glauben mag.

## Sonntag, 8. April

**Tagebuch Hans-Peter Neurath:**
Habe heute Ulrike von den Artel-Programmierern erzählt und meiner Sorge, irgendwann einmal mit geöffnetem Brustkorb vor einem Chirurgen zu liegen, der sich sein Smartphone öfter reichen lässt als sein Operationsbesteck. Ulrike hat gelacht und gemeint, dass der Chirurg dann auf dem Smartphone wahrscheinlich nicht kommunizieren, sondern eher spielen würde. Vor einiger Zeit hätte es ein Zugunglück mit mehreren Toten gegeben, weil ein Fahrdienstleiter vor lauter Handy-Daddeln seinen Job nicht gemacht hat. Muss ich jetzt Angst haben, wenn ich in ein Flugzeug steige? Schauen die Fluglotsen wirklich auf das richtige Display? Bislang bin ich davon ausgegangen, dass sich einige Berufsstände ihre Professionalität erhalten haben. Anscheinend bin ich zu blauäugig. Was bringt ausgewachsene Profis dazu, sich wie pubertierende Teenies zu verhalten?

## Montag, 9. April

**Tagebuch Hans-Peter Neurath:**
Das Teenie-Verhalten gilt anscheinend auch für „moderne" Vorstände! Heuberger erwähnte heute am Rande einer Besprechung, Anjas Nachrichten würden ihn sehr aufbauen. Er zeigte auf dem Smartphone einige Antwort-E-Mails meiner Kollegin. Praktisch alle bestanden lediglich aus einem oder zwei Emojis. Thumbs-up, Smileys etc. Was soll das? Ist das einer Vorständin würdig? Meiner Meinung nach nicht! Ich wollte das mit Anja in ihrem Büro

besprechen, habe aber den Fehler gemacht, vorher ein auf ihrem Besprechungstisch liegendes Sachbuch in die Hand zu nehmen. Das war kein Sachbuch, sondern ein Bilderbuch! Text machte nur den kleineren Teil aus. Ich habe das Thema dann einfach sein gelassen. Sind wir wirklich schon so weit, dass unser Top-Management nur noch graphisch aufbereitete Einfach-Botschaften versteht? Während des Wehrdienstes haben wir Wehrpflichtigen uns über die Bedienungsanleitungen für die amerikanischen GIs lustig gemacht. Der einfache amerikanische Soldat musste im Cartoon-Format erklärt bekommen, wie man ein Gewehr auseinandernimmt. Doch der hatte damals meistens auch keinen Schulabschluss. Jetzt ist offensichtlich unser Management so weit! Und wer macht sich über uns lustig? Wahrscheinlich ganz Asien!

### Sprache-zu-Text-Blog Anja Johannsen:

Heute ist etwas Seltsames passiert. Hans-Peter kam in mein Büro. Während ich noch telefonierte, blätterte er in einem Buch. Als ich auflegte, verabschiedete er sich. Er wirkte sehr irritiert. Anscheinend hatte er total vergessen, weshalb er gekommen war. Wird er jetzt schon senil?


# Mittwoch, 11. April


### Tagebuch Hans-Peter Neurath:

Ich will nicht mehr nur den Beobachter geben! Wenn Kuhn gewinnen soll, muss ich – wohl oder übel – etwas nachhelfen. Nur dass ich keine Ahnung habe, wie. Ich war deshalb heute bei Profi-Pack und habe Kuhn meine Hilfsbereitschaft angedeutet. Doch der sieht aktuell keinen Bedarf. Alles laufe nach Plan. Was immer er damit meint. Wobei man schon merkt, dass sich bei Profi-Pack etwas tut. Beispielsweise mussten alle Teilnehmer vor der Besprechung ihre Smartphones, Smart-Watches und Notebooks vor der Tür lassen. Nicht einmal für mich wurde eine Ausnahme gemacht. Bestandteil der *Do-it!*-Philosophie. Besprechungen sollen kurz und effektiv sein. Dafür sorgt nicht zuletzt auch die

Möblierung. Das Besprechungszimmer hatte nur einen großen Stehtisch. Der daneben liegende Konferenzraum wird auch gerade umgebaut. Dort soll dann jeder Teilnehmer während der Besprechung auf einem Laufband gehen können. Erinnert mich an Motopädagogik. Die gehört aber in die Volksschule. Apropos „Laufband": Überall im Gebäude laden Plakate zu Lauftrainings für den Business-Lauf ein (natürlich mit dem *Do-it!*-Logo). Laut Kuhn gibt es inzwischen fast an jedem Tag Laufgruppen. Anschließend treffen sich alle in einem Vereinsheim zum Umtrunk. Die meisten Mitarbeiter trainieren wohl hauptsächlich deshalb mit. Kuhn lud mich ein, nach Feierabend mitzulaufen. Er meinte, es gäbe sicherlich auch für mich eine passende Gruppe (hat der eine Ahnung!). Er selbst läuft montags und mittwochs, laut eigener Aussage „mit den Fußkranken".

## Montag, 16. April

**Sprache-zu-Text-Blog Anja Johannsen:**
Heuberger geht die Vorbereitung zum Ulmer Business-Lauf gewohnt professionell an. Er hat eine spezielle Mahler-Lauf-App aufsetzen lassen, die innerhalb weniger Tage bereits von über 200 Mahler-Mitarbeitern heruntergeladen wurde. Die App erfasst beim Training gelaufene Distanz, Geschwindigkeit, Höhenunterschiede, Pulsfrequenz etc. Gleichzeitig spielt sie über Kopfhörer Musik ab oder gibt individuelle Trainingsanweisungen. Die erfassten Trainingsdaten werden automatisch auf einen Cloud-Server übertragen. Dort kann jeder Läufer sehen, wie er im Vergleich zu den andern abschneidet. Das ist wichtig, denn Heuberger will nur die 30 schnellsten Läufer zum City-Lauf anmelden. Für die hat er einen Tag Sonderurlaub ausgelobt. Falls das Mahler-Team dann wirklich das schnellste Team wird, genehmigt er noch zwei zusätzliche Tage.

Ich finde das Konzept genial. Durch die App kann jeder Mitarbeiter trainieren, wann und wie er will – und trotzdem wird der Wettbewerb unter den Läufern gefördert. Kuhn hat sich in den Kopf gesetzt, selbst unter den 30 Startern zu sein. Als ich in der Datenbank nachschaute, wo er aktuell steht, war ihm das sichtlich peinlich. Rang 45. Da muss er noch kräftig aufholen. Seit dem zweiten Training läuft er laut Datenbank ohne Pulsmesser – wahrscheinlich deshalb, weil das Gerät bei seinem ersten Lauf einen Puls wie ein Maschinengewehr aufgezeichnet hat. Ich habe Heuberger gebeten, auf sich zu achten und er hat mir das versprochen. Hans-Peter wird diese Lauf-App mit Sicherheit nicht gefallen. Viel zu modern. Ich werde ihn damit wohl ein wenig ärgern müssen. ☺

## Dienstag, 17. April

**Tagebuch Hans-Peter Neurath:**
Anja wollte für eine Mahler-Lauf-App Punkte haben. Sechs, um genau zu sein. Und außerdem will sie noch, dass die Lauf-App auf die Liste der Innovationen kommt.
Sie begründete es damit, dass Heuberger mittels moderner Kommunikationstechnik den Wettbewerbsgedanken unter den Trainingsteilnehmern fördert – und das bei gleichzeitig maximaler persönlicher Flexibilität. Womit sollte ich dagegen halten? Damit, dass ProfiPack mit bunten Plakaten und dem netten *Do-it!*-Logo zum Mittrainieren auffordert? Dass es dort auch Gruppen für „Fußkranke" gibt? Ist das überhaupt noch unternehmerisch oder eher nur sozial? Auf jeden Fall ist es nicht innovativ und leistungsorientiert! Kleines Erfolgserlebnis: Ich konnte Anja auf vier Punkte herunterhandeln.

## Mittwoch, 9. Mai

**Sprache-zu-Text-Blog Anja Johannsen:**
Auf der Rückfahrt von Karlsruhe habe ich kurz bei Heuberger halten lassen. Über der Werkspforte wurden bei meiner Ankunft gerade große Flachbildschirme montiert, die künftig aktuelle Informationen zum Werk anzeigen. Also Anzahl anwesender Mitarbeiter, geleistete Arbeitsstun-

den, unfallfreie Zeit, Leistung der Solaranlage und vieles mehr. Ähnliche Monitore werden laut Heuberger überall in der Verwaltung und in der Produktion aufgehängt. Heuberger verspricht sich durch die Visualisierungen eine stärkere Identifikation der Mitarbeiter mit dem Unternehmen. Die Kosten halten sich in Grenzen, weil die Darstellungen eigentlich nur Abfallprodukte der ohnehin erfassten Daten sind. In den nächsten Wochen wird zusätzlich eine spezielle Mahler-App eingeführt, mit der die Mitarbeiter diese und andere Daten bequem auf dem Smartphone abrufen können. Bin gespannt, wie viele Punkte Hans-Peter dieser innovativen Idee zugesteht.

## Montag, 14. Mai

### Tagebuch Hans-Peter Neurath:

Dieses Mal habe ich mich von Anja nicht hochhandeln lassen. Das von ihr präsentierte neue Mitarbeiter-Informationssystem schafft bei Mahler per se zunächst einmal keinen neuen Wert, kostet aber Geld (auch wenn Anja das Meiste als „Abfallprodukt" bezeichnet). Anja konnte mir jedenfalls nicht erklären, welchen Zusatzwert ein Mitarbeiter daraus generiert, wenn er an der Pforte sieht, wie sich durch sein Eintreffen die Anzahl der anwesenden Mitarbeiter um eins erhöht. Sie meinte, mit der Mahler-App würden künftig auch Informationen zur Verfügung stehen, die sehr wohl Vorteile brächten. Ich habe ihr gesagt, dass wir gerne darüber reden können, sobald die App da ist.

## Dienstag, 5. Juni

### Sprache-zu-Text-Blog Anja Johannsen:

Nachdem das Mitarbeiter-Informations-System nunmehr auch als Mahler-App verfügbar ist, wird Hans-Peter nicht umhin kommen, Mahler dafür endlich die verdienten Punkte zu geben. Mittels der App können Mahler-Mitarbeiter sich am Smartphone alle Informationen anzeigen lassen, die

auch am Mahler-Werktor angezeigt werden (Anzahl der gerade arbeitenden Mitarbeiter etc.), dazu jede Menge zusätzliche Informationen zum
Unternehmen (Daten & Fakten, Telefonbuch etc.). Außerdem können
sie mit der App auf individuelle Daten wie beispielsweise die eigene Ge-
haltsabrechnung zugreifen und auch bestimmte persönliche Daten selbst
eingeben oder ändern (Wohnadresse, Telefonnummer etc.). Schon allein
durch die Pflege von persönlichen Daten seitens der Mitarbeiter entfällt
viel Aufwand. Außerdem sind die Informationen aktueller. Wir verteilen
Aufgaben sinnvoll, nutzen dabei individuelle Ressourcen und persönliche Interessen und steigern so enorm die Effizienz. Das ist ein einfaches,
zeitgemäßes Modell, das wohl nur unser Herr Neurath mit seinem Rück-
wärtsblick nicht mehr durchdringt.

## Montag, 11. Juni

**Tagebuch Hans-Peter Neurath:**
Bin heute Morgen in der Hauptverwaltung zwischen Tiefgarage
und Büro zufällig Heuberger über den Weg gelaufen. Habe ihn mit
zu mir ins Büro genommen und mir die Mahler-App zeigen lassen. Heuberger war sichtlich irritiert, als er zusah, wie ich vorher
meine beiden „Wochenend-Pilotenkoffer" auspackte und die Pa-
pierstapel mitsamt Diktaphon auf Frau Hofers Schreibtisch legte.
Mein Arbeitsstil passt natürlich nicht in sein High-Tech-Weltbild.
Im Büro hat er mir dann begeistert die App demonstriert. Sie
ist wie von Anja beschrieben. Besonders enthusiastisch äußerte sich Heuberger über die Integration der Webcams, die überall im Werk montiert sind (Zitat: „Da können die Mitarbeiter im
Urlaub zuschauen, wie ihre Kollegen arbeiten!" – Wer will denn
das im Urlaub schon sehen? Mich wundert, dass der Betriebsrat
nicht aufgeschrien hat). Unter dem Dach der Mahler-App befin-
det sich jetzt auch die Mahler-Lauf-App. Heuberger hat mir seine
Trainingsfortschritte für den Business-City-Lauf gezeigt. Mit seinen jetzigen Werten wäre er vor drei Monaten locker unter die
schnellsten zwanzig gekommen. Jetzt reicht's nur für Platz 35.

Heuberger glaubt trotzdem, es ins Starterfeld der schnellsten dreißig zu schaffen.

Habe am Rande bemerkt, dass nur noch eine überschaubare Anzahl von Leuten trainiert. Heuberger hat mir auf Knopfdruck eine Graphik des Verlaufs der aktiven Läufer über die Zeit anzeigen können. Von 314 Mahler-Mitarbeitern, die die App heruntergeladen haben, haben etwa 250 das Training aufgenommen. Über die Zeit sind immer mehr abgesprungen. Aktuell trainierten noch 66 Mitarbeiter – 49 Männer und 17 Frauen. Laut Heuberger verwundert ihn der Schwund nicht. Wer keine Chance auf die begehrten Startplätze sehe, gebe für gewöhnlich auf. Bevor Heuberger gegangen ist, hat er gefragt, ob er sich von Frau Hofer meinen Arbeitsstil erklären lassen darf. Ich habe gesagt, er solle sie dabei nicht zu sehr von der Arbeit abhalten.

## Freitag, 15. Juni

### Sprache-zu-Text-Blog Anja Johannsen:

Nach meinem Auftritt bei der Aufsichtsratssitzung bat mich Theodor Aufsetzer, noch etwas zu bleiben. Ich dachte, es hätte etwas mit meiner Präsentation zu tun, aber er wollte mir nur seine neueste Errungenschaft zeigen: eine Smart-Watch, die ihn über eintreffende SMS, E-Mails und andere Messages informiert. Auf dem kleinen Display kann er sogar die Texte lesen. Es ist wirklich erfrischend zu sehen, dass es generationenübergreifend Menschen gibt, die den modernen Arbeitsmitteln gegenüber offen sind. Hans-Peter könnte sich von unserem Aufsichtsratchef eine Scheibe abschneiden. Meiner Meinung nach hat Hans-Peter nach seinem Vertragsende keine Chance, Aufsetzer zu beerben. Der mag über zehn Jahre älter sein als Hans-Peter, aber er ist im Kopf wesentlich jünger als mein Chef.

**Tagebuch Hans-Peter Neurath:**

Laut Anja hat Aufsetzer jetzt auch so eine Smart-Watch. Das beeindruckt sie offenbar. Aber ehrlich: Wozu braucht ein nahezu 70-jähriger (Fast-)Rentner so etwas? Wer braucht das überhaupt? Für die Mahler-App hat Anja Punkte gefordert. Die Selbstbedienungs-Funktionen in der App würden den Service für die Mitarbeiter erhöhen und gleichzeitig für Mahler den Aufwand senken. Ich habe fünf Punkten zugestimmt. Anja wird die App auch auf die Liste der Mahler-Innovationen setzen.

## Dienstag, 26. Juni

**Tagebuch Hans-Peter Neurath:**

Habe Kuhn von der neuen Mahler-App und den Self-Service-Funktionen erzählt. Daraufhin hat er in die Tasche gegriffen und mir gezeigt, dass es so etwas bei ProfiPack schon seit Monaten gibt. Die App sei eines der Ergebnisse der *Do-it!*-Initiative. Indem die Mitarbeiter Zugriff auf häufig benötigte Informationen hätten, müssten sie nicht lange suchen oder bei Kollegen nachfragen, was allen Beteiligten Zeit und Energie erspare. In der App gibt es auch Self-Service-Funktionen. Ich war total perplex. Kuhn hat meine Reaktion falsch interpretiert und sich verteidigt. Es ginge ja nicht darum, elektronische Werkzeuge grundsätzlich zu vermeiden, meinte er, sondern sie dort intelligent zu nutzen, wo sie effektiv und effizient sind. Das stimmt absolut. Ich weiß nur nicht, was ich jetzt tun soll. Wenn ich Anja von der App erzähle, sieht sie das wahrscheinlich als Bestätigung ihrer Position an. Kann/soll ich dafür Punkte reklamieren? Oder widerspricht das meiner Wettposition? Irgendwie verschwimmt gerade alles für mich ein wenig. Außerdem frage ich mich, weshalb ich von diesen ganzen Dingen nichts mitbekomme. Kuhn verkauft sich einfach viel zu wenig! Andererseits: Ich verlange von ihm effektives Arbeiten – und Selbstbeweihräucherung gehört wirklich nicht zu seinen Kernaufgaben.

## Donnerstag, 28. Juni

**Sprache-zu-Text-Blog Anja Johannsen:**
Heuberger hat heute getextet, er habe für Hans-Peter Neurath ein tabletbasiertes Arbeitsmittel entwickeln lassen. Er wollte von mir wissen, wie er es Neurath am besten vorstellen kann. Ich habe zurückgetextet, er soll sich von Frau Hofer einen Termin geben lassen, bin aber nicht sehr optimistisch, dass der positiv verlaufen wird. Ich brauche nur an Hans-Peters Gesichtsausdruck zu denken, als ich ihm von Aufsetzers Smart-Watch erzählt habe. Seltsam, wie verbohrt Hans-Peter in dieser Sache ist. In manchen anderen Dingen erlebe ich ihn ja auch schon mal als beweglich.

## Mittwoch, 11. Juli

**Tagebuch Hans-Peter Neurath:**
Heute ist Heuberger mit einem ultradünnen Tablet-Computer bei mir erschienen. Die Software hat er extra für mich programmieren lassen. Er meinte, die Anwendung wäre genau für meinen Arbeitsstil optimiert. Gemeinsam mit Frau Hofer habe ich mir das Programm vorführen lassen. Die Bedienung scheint wirklich einfach zu sein. Alles ohne Tastatur. Habe das Ding erst einmal zur Seite gelegt. Das muss ich einmal an einem Wochenende in aller Ruhe ausprobieren.

## Freitag, 13. Juli

**Tagebuch Hans-Peter Neurath:**
Nehme heute den Tablet-Computer zum Testen mit nach Hause. Sicherheitshalber sind aber noch alle Dokumente ausgedruckt in den Pilotenkoffern.

## Sonntag, 15. Juli

**Tagebuch Hans-Peter Neurath:**
Konnte mich nicht dazu aufraffen, das Tablet auszuprobieren. Habe stattdessen wie gehabt mit Papier und Diktaphon gearbeitet. Ulrike meint, ich würde dem Tablet niemals eine Chance geben, solange ich die ausgedruckten Dokumente mit nach Hause nehme. Ich solle ins kalte Wasser springen und nächstes Wochenende Ausdrucke und Diktaphon im Büro lassen. Mal schauen.

## Donnerstag, 19. Juli

**Sprache-zu-Text-Blog Anja Johannsen:**
Heuberger wollte von mir wissen, ob Hans-Peter den Tablet-Computer nutzt. Ich habe keine Ahnung. Offen gestanden glaube ich aber nicht, dass er das Ding jemals anrührt. Was der Bauer nicht kennt, das frisst er nicht. Auch wenn es ein sehr schlauer Bauer ist.

## Samstag, 21. Juli

**Tagebuch Hans-Peter Neurath:**
Als mich Herr Berger gestern ohne die beiden Pilotenkoffer vom Firmenparkplatz chauffierte, fühlte ich mich ziemlich nackt. Die dicken Koffer waren seit Ewigkeiten meine Wochenendbegleiter. Um mich abzulenken, packte ich das Tablet schon während der Fahrt aus. Den virtuellen Aktenstapel zu öffnen und durch die einzelnen Dokumente zu blättern war wirklich ganz simpel. Die Dokumente wirken auf dem Display wie gedruckt, fast scheinen die Buchstaben sogar schärfer und die Farben brillanter. Wenn ich ein Dokument gelesen habe, tippe ich auf den Button „Gelesen" worauf dann am Ende des Dokuments der Vermerk „Gelesen" erscheint – in meiner Handschrift mit Datum und Unterschrift. Ähnlich funktionieren die Buttons „Genehmigt", „Abgelehnt" und

„Bitte Rücksprache". Mit den Fingern kann ich Stellen im Dokument antippen, die ich kommentieren möchte. Die Kommentare diktiere ich einfach ins Tablet. Die Bedienelemente für die Aufnahme sind exakt so wie bei meinem Diktaphon. Zunächst habe ich das Tablet für die Sprachaufnahmen vor den Mund gehalten, kam mir dabei aber ziemlich albern vor. Wie sich herausstellte, ist das gar nicht nötig. Es funktioniert auch, wenn das Tablet auf dem Schoß liegt. Als ich zu Hause ankam, hatte ich das Gefühl, mehr als sonst auf der Fahrt geschafft zu haben.

Nach dem Abendessen machte ich dann gleich weiter. Es ging wie das Brezelbacken! Auch wenn ich es ungern zugebe: Das Tablet bietet Möglichkeiten, die ich bislang nicht hatte. So konnte ich einen Brief in Frau Hofers Ablage suchen, den sie nicht beigefügt hatte (wie sich herausstellte, hat sie gut daran getan. Im Brief stand nichts Neues). Bei einem persönlich an mich adressierten Bettelbrief musste ich nur den Namen des Absenders und dann „Internet-Recherche" antippen um festzustellen, dass der Absender mit der Scientology-Sekte in Beziehung gebracht wird. Beim Brief eines Lieferanten zeigte das Tablet automatisch an, dass die Absenderin in Nürnberg studiert hat. Ruckzuck war ich auf der Alumni-Seite der Uni und habe nachgeschaut, in welchem Jahrgang. Darüber habe ich die Zeit übersehen. Erst als Ulrike ins Arbeitszimmer kam, um mir „Gute Nacht" zu wünschen, habe ich festgestellt, dass ich unseren traditionellen Freitagabend-Portwein vergessen hatte. Vor dem Schlafengehen legte ich das Tablet im Esszimmer aufs Sideboard. Robin sollte sehen, dass ich nicht ganz so antiquiert arbeite, wie er immer behauptet. Ich hätte mir aber denken können, dass er das Tablet gleich einsacken wollte. Das hat er mit meinen neuen Notebooks bislang immer getan. Dieses Mal hat es aber nicht funktioniert.

# Dienstag, 24. Juli

**Sprache-zu-Text-Blog Anja Johannsen:**

Es geschehen Zeichen und Wunder! Laut Frau Hofer will Hans-Peter die Arbeit für das Wochenende nicht mehr ausgedruckt mit nach Hause nehmen, sondern auf das Tablet geladen bekommen. Hat der Mann vielleicht doch etwas kapiert? Heuberger wird sich freuen.

# Samstag, 28. Juli

**Tagebuch Hans-Peter Neurath:**

„Shoot for the Moon"-Workshop am Schliersee mit dem gesamten Vorstand und den dreizehn Geschäftsführern unserer Maschinenbau-Einheiten. Franziska Zannoni hat uns vor dem Abendessen zum gemeinsamen Joggen verdonnert, meinte, das würde unsere Köpfe frei machen (ich und joggen! Robin wirft sich weg, wenn ich ihm das erzähle!). Praktisch die ganze Mannschaft ist in einer Phalanx gelaufen. Angenehmes Tempo, selbst ich konnte mich dabei ohne Atemnot unterhalten. Irgendwann ist Heuberger von hinten angebraust gekommen. Er ist dann ein paar Schritte mit uns mitgetrabt. Dann hat sein Handy gepiepst und er ist wieder losgespurtet. (Seine Worte: „Ich muss weiter. Das verdirbt mir sonst meine Durchschnittsgeschwindigkeit!") Zu Timo Bannert meinte ich, dass das jetzt nicht gerade ein Beispiel für „flexibles Training dank Lauf-App" gewesen sei. Timo hat meinen Kommentar nicht verstanden. Anja schon. Sie hat gegrinst. Wer weiß, vielleicht kostet Heuberger das kurze Abstoppen bei uns ja seinen Startplatz beim Ulmer Business-City-Lauf. Witziger Gedanke.

# Donnerstag, 2. August

**Tagebuch Hans-Peter Neurath:**
Das Tablet ist wirklich nützlich. Heute habe ich entdeckt, dass ich auch auf die Läuferdatenbank bei Mahler zugreifen kann. Dort trainieren noch 53 Mitarbeiter regelmäßig (davon nur noch sieben Frauen!). Enttäuschend wenige. Dafür ist das Niveau weiter gestiegen. Zumindest die „Stimulation durch Konkurrenz" funktioniert also. Heuberger hat sich deutlich verbessert und pendelt seit zwei Wochen zwischen dem 32. und dem 34. Platz. Aber wenn er nicht noch Gas gibt, wird er in einem Monat trotzdem nicht in der Startmannschaft von Mahler stehen. Es sei denn, er lässt mehr Starter als geplant zu. Das gäbe dann aber schon ein etwas schiefes Bild.

# Freitag, 3. August

**Tagebuch Hans-Peter Neurath:**
Wollte wissen, wie es bei ProfiPack ums Lauftraining steht. Kuhn konnte mir am Telefon nicht genau sagen, wie viele Mitarbeiter noch für den Business-City-Lauf trainieren. „So um die 300 werden es schon sein", hat er gemeint – „Fußkranke" wie ihn eingerechnet. Urlaubsbedingt seien es aktuell wohl etwas weniger. Auch die Leute aus der Entwicklung & Konstruktion wären seltener da. Als ich nachfragte, erzählte er eine wirklich interessante Geschichte. Genau der Stoff, aus dem man Anekdoten macht. Werde die Sache im Auge behalten. Auch die Anzahl der trainierenden Mitarbeiter. Wenn ProfiPack wirklich so viel mehr Läufer am Training interessiert halten kann als Mahler, dann spricht das definitiv gegen dieses „Wir trainieren mit High-Tech" und für „Wir machen das auf die erprobte Art und Weise". Kuhn hat mich gebeten, an Wochenenden künftig öfters Urlaubstage anhängen zu dürfen, damit er zu seiner nach Malaysia delegierten Freundin fliegen kann. Das *Do-it!*-Projekt hätte ihm gezeigt, dass eine Beziehung bessere Chancen hat, wenn man sich nicht nur auf Telefon, Skype und Messaging verlässt.

Zumindest einer hat also etwas gelernt. Habe ihm gesagt, dass mich nicht im Geringsten interessiert, wie lange er weg ist. Sein Laden muss halt laufen. Es ist nicht so, als hätte ProfiPack *Do-it!* erfunden. Ich praktiziere das bereits mein ganzes Berufsleben lang.

## Dienstag, 7. August

### Sprache-zu-Text-Blog Anja Johannsen:

Hans-Peter liebt Anekdoten. Heute hat er mir eine von Profi-Pack erzählt. Demnach klagte ein ProfiPack-Konstrukteur beim Get-together nach dem Lauftraining über die vollkommen unrealistischen Wünsche eines amerikanischen Interessenten (Verpackung unterschiedlicher Gebindegrößen in chaotischer Reihenfolge – und das ohne Geschwindigkeitseinbußen). Kollegen aus der Werkzeugkonstruktion und ein IT-Betreuer hätten das Attribut „unrealistisch" hinterfragt, worauf eine wilde Diskussion entstanden sei. Schlussendlich wäre eine Handvoll Leute direkt vom Umtrunk in die Firma gefahren, um sich dort etwas anzuschauen. Seitdem würden mehrere Leute Tag und Nacht an etwas arbeiten, über das sie mit niemandem reden wollen. Ich fand die Geschichte recht interessant, frage mich aber, weshalb Hans-Peter sie mir erzählt. Der macht doch nie etwas ohne Grund. Will er etwa Punkte dafür, dass die Leute bei ProfiPack miteinander reden? Dann müsste Mahler ein Vielfaches bekommen, denn dort gibt es dank der digitalen Medien viel mehr Kommunikationstransaktionen zwischen den Mitarbeitern als bei ProfiPack.

## Donnerstag, 16. August

### Tagebuch Hans-Peter Neurath:

In letzter Zeit verstoße ich gelegentlich gegen meine Prinzipien: Ich schaue abends in meine E-Mails. Ohne Tablet hätte ich das nie getan. Ich halte meinen Verstoß aber gering. Ich lese nur vor, mache nichts am Posteingang. Der ist definitiv der Job von Frau Höfer. Damit sie nichts von meinem Kiebitzen mitbekommt, markiere ich alle gelesenen E-Mails wieder als ungelesen.

## Freitag, 17. August

### Tagebuch Hans-Peter Neurath:

Heute Abend schon wieder die Zeit für Ulrikes und meinen „Portweinplausch" übersehen! Das ist mir in den vergangenen Wochen öfter passiert als in den ganzen Jahren davor. Werde ich alt?

## Dienstag, 28. August

### Tagebuch Hans-Peter Neurath:

Laut Kuhn hat ProfiPack zum Ulmer Business-City-Lauf 397 Läufer angemeldet. Selbst die Leute aus der Entwicklung nehmen teil, was gemäß Kuhn bemerkenswert ist, weil sie inzwischen rund um die Uhr an jenem Projekt arbeiten, das beim Lauftraining entstanden ist. Kuhn weiß schon gar nicht mehr, wie oft er den Leuten abends und am Wochenende einen Caterer geschickt hat, damit sie zumindest ordentlich verpflegt sind. Laut Kuhn muss man die Leute mehr oder weniger mit Gewalt nach Hause schicken. Ich wollte wissen, weshalb nicht mehr Leute für das Projekt abgestellt würden. Kuhn meinte, inzwischen stecke jede verfügbare Ressource im Projekt. Sogar ein IT-Betreuer, dessen privates Hobby bei dem Projekt eine wichtige Rolle spielt (Programmierung von Prozessoren für das Management von Verbrennungsmotoren! Was hat das mit Verpackung zu tun?) ist aus der IT-Abteilung in die F+E-Abteilung gewechselt. Laut Kuhn funktioniert das, was sich die Leute vorstellen, noch nicht. Wenn sie es doch hinbekommen würden, wäre das eine Sensation. Eine Sensation täte mir und ProfiPacks Punktestand wirklich gut! Anja hat sich nämlich schon wieder drei Punkte gutgeschrieben.

# Mittwoch, 29. August

**Sprache-zu-Text-Blog Anja Johannsen:**
Männer sind manchmal wirklich wie kleine Kinder. Max Heuberger ist so versessen darauf, im Starterfeld der besten 30 Mahler-Läufer zu sein, dass er die Nennung der Teilnehmer für den Business-City-Lauf bis zum letzten Moment hinauszögert. Er liegt jetzt zwar auf dem einunddreißigsten Platz, aber der Abstand zum dreißigsten ist doch noch deutlich.

# Samstag, 1. September

**Tagebuch Hans-Peter Neurath:**
Habe Frau Hofer gedroht, sie nach über zwanzig Jahren bester Zusammenarbeit zu feuern! Das war vielleicht etwas heftig, aber absolut nötig! Habe ich doch gerade entdeckt, dass sie an den Wochenenden direkt hinter mir herarbeitet! Kaum habe ich ein Dokument aus der Arbeitsmappe angeschaut, erledigt sie offenbar schon den angehängten Arbeitsauftrag! Das geht doch nicht! Nicht am Wochenende! Trotz der späten Zeit (22:45 Uhr) habe ich sie sofort angerufen und ihr mitgeteilt, dass ich eine ausgeruhte und leistungsfähige Sekretärin brauche und keine, die sich die Wochenenden um die Ohren schlägt. Wenn sie ihre Arbeit während der normalen Arbeitszeit (die bei mir ohnehin nicht „normal" ist) nicht schafft, dann müssen wir darüber reden. Ich habe sie ordentlich zurechtgestutzt! Für Montagmorgen, nach der Vorstandsrunde, haben wir ein Gespräch vereinbart.

# Sonntag, 2. September

**Tagebuch Hans-Peter Neurath:**
Ulrike lobte meine Intervention bei Frau Hofer. Sie meinte, auch bei mir sollte einmal jemand eingreifen. Seit ich den Tablet-Computer hätte, würde ich nämlich abends und am Wochenende viel

länger im Arbeitszimmer sitzen. Ich habe mich massiv dagegen verwahrt. Schließlich bin ICH es, der gegen übermäßigen Gebrauch elektronischer Geräte wettert. MIR so etwas zu unterstellen! Also wirklich!

## Montag, 3. September

**Tagebuch Hans-Peter Neurath:**
Habe Frau Hofer in unserem heutigen Gespräch noch einmal klargemacht, dass sie ohne Erholungszeiten langfristig nicht die Top-Leistungen erbringen kann, die ich von ihr erwarte. Sie meinte, ich würde ja auch praktisch ohne Unterbrechung arbeiten. Ich habe ihr gesagt, dass ich dafür – im Gegensatz zu ihr – auch sehr viel Geld bekomme und ich mir außerdem tagsüber immer wieder Erholungszeiten nehme. Um sie etwas zu entlasten, werde ich wieder einen Assistenten oder eine Assistentin einstellen. Franziska Zannoni will mir ohnehin ständig solch einen High-Potential aufs Auge drücken. Last-but-not-least: Ich habe über Ulrikes Vorwürfe nachgedacht. Überraschendes Ergebnis: Sie hat Recht! Ich verbringe wirklich deutlich mehr Zeit im Arbeitszimmer als früher. Und das, obwohl mir die Arbeit mit dem Tablet definitiv schneller von der Hand geht. Dafür vertrödle ich Zeit mit Dingen, die ich früher nicht gemacht habe (im Internet etwas nachschlagen, in E-Mails schauen, ein Dokument auf einem Server suchen etc.). Das passiert MIR, der ich sehr bewusst mit meiner Zeit umgehe! Was hängt diesen elektronischen Geräten an, dass man sich darin so verliert? Mein Entschluss: Sofern ich es nicht schaffe, dank des Tablets pro Tag mindestens 15 Minuten WENIGER im Arbeitszimmer zu sitzen, kann Robin das Ding haben. Dann arbeite ich wieder wie gehabt mit Papier und Diktaphon.

## Dienstag, 4. September

**Sprache-zu-Text-Blog Anja Johannsen:**
Unglaublich, Heuberger hat es wieder einmal geschafft. Adrian Vorderstoder, jener Mahler-Läufer, mit dem Heuberger bis zum Schluss um den dreißigsten Startplatz gekämpft hat, hat bei seinem letzten Training Gesundheitsprobleme bekommen. Nichts Ernsthaftes, trotzdem soll er sich die nächsten Tage schonen. Damit rückt Heuberger ins Mahler-Lauf-Team nach. Heuberger ist eben nicht nur ungemein tüchtig, sondern hat auch immer das notwendige Quäntchen Glück. Gut für ihn! Gut für die Firma! Gut für meine Wette ☺!

## Freitag, 7. September

**Tagebuch Hans-Peter Neurath:**
Es geht doch! Mit etwas Selbstdisziplin hat man das im Griff! War heute im Arbeitszimmer nicht nur 15 Minuten, sondern sogar 30 Minuten schneller als sonst und konnte so mit Ulrike gemütlich Portwein trinken. Morgen findet der Business-City-Lauf in Ulm statt. Ulrike und ich fahren hin. Als Vertreter des Hauptsponsors werde ich die Siegerehrung vornehmen. Bin gespannt, wie „unsere" beiden Teams auftreten.

## Samstag, 8. September

**Tagebuch Hans-Peter Neurath:**
Heuberger hat sein Versprechen gehalten: Mahler kam als schnellstes Team ins Ziel. Und das, obwohl der letzte Mahler-Läufer, ein langer Lulatsch mit Rastafrisur, fast zehn Minuten nach dem zweitletzten Kollegen eintraf. Er joggte breit grinsend mit beidhändigem Victory-Zeichen über die Ziellinie. Ulrike fand ihn cool. Sie vermutet, dass er die Trainingskilometer mit dem Fahr-

rad zurückgelegt hat. Das brachte ihm immerhin drei Tage Sonderurlaub ein. Heuberger hat geschäumt. Offensichtlich führt so eine Trainings-App nicht automatisch zu den gewünschten Ergebnissen – zumindest öffnet sie neue Manipulationsmöglichkeiten. Neben Mahler konnte ich auch ProfiPack eine Urkunde überreichen. ProfiPack stellte nämlich die mit Abstand größte Startergruppe. Es irritierte Heuberger sichtlich, in der ProfiPack-Mannschaft auch die Gesichter von Mahler-Mitarbeitern zu sehen. Er war aber noch aufgeregter, als die Lokalpresse die Siegermannschaften fotografieren wollte und von seinem Team ein Drittel schon gegangen war. Der Journalist witzelte, er werde das Foto mit „Das Mahler-Team – selbst fürs Sieger-Foto zu schnell!" untertiteln. Ulrike fand das zum Schießen. Heuberger gar nicht. Im Anschluss lud Kuhn noch zur „ProfiPack-Business-City-Lauf-Feier" ein (Heuberger war auch eingeladen, fuhr aber wie seine Mitläufer lieber nach Hause). ProfiPack feierte in einer Turnhalle. Es war proppenvoll. Wenn die Stimmung repräsentativ für ganz ProfiPack ist – und wenn sie bis Ende des Jahres anhält – wird Anja in der Kategorie „Mitarbeiterzufriedenheit" dieses Mal keine Chance haben. Schön auch zu sehen, wie akzeptiert Kuhn inzwischen bei ProfiPack ist! Das Tal der Tränen liegt definitiv hinter ihm. Vielleicht habe ich doch nicht völlig aufs falsche Pferd gesetzt.

## Montag, 10. September

**Sprache-zu-Text-Blog Anja Johannsen:**
Heute hatte ich eine lange Diskussion mit Hans-Peter. Er wollte einfach nicht einsehen, dass Mahler mit seinem Lauf-App-Training wesentlich erfolgreicher war als ProfiPack mit seiner herkömmlichen Herangehensweise. Dabei hat die Lauf-App nachweisbar Spitzenleistung generiert. Hans-Peter hielt dagegen, bei Mahler hätte jene Breite gefehlt, die ProfiPack beeindruckend demonstrierte. Außerdem habe die App lauter Einzelkämpfer generiert, die sich nicht als Team verstanden hätten. Last but not least hätte die App auch den „Radfahrer" ermöglicht. Hans-Peter

versteht einfach nicht, dass es Heuberger nie um die Breite gegangen ist, sondern um das schnellste Team. Und das hat er nun einmal eindrucksvoll erreicht – trotz dieses Ausrutschers. Bei der Diskussion wurde mir klar, dass Hans-Peter und ich unterschiedliche innere Modelle haben. Ich denke, dass Erfolg letztendlich durch relativ wenige entsteht, die mit ihrer Spitzenleistung den übrigen Rest mitreißen. Hans-Peter glaubt dagegen offenbar, eine breite Masse, die hochmotiviert ihr Bestes gibt, würde nachhaltigeren Erfolg garantieren. Am Ende ist es wohl eine Glaubensfrage. Letztendlich haben wir Mahler fünf Punkte und ProfiPack zehn Punkte gutgeschrieben. Ich war nur um des lieben Friedens willen damit einverstanden – und weil ProfiPack punktemäßig ohnehin weit abgeschlagen ist.

## Mittwoch, 19. September

**Tagebuch Hans-Peter Neurath:**

Ich habe einen neuen Assistenten! Clemens Helmwein. Neben Doktortitel, einem Doppelstudium und Auslandssemestern (Frankreich, USA) bringt er Auslandserfahrung (China, Kolumbien) samt entsprechenden Sprachkenntnissen mit (Englisch, Französisch, Spanisch, Chinesisch). Unglaublich, was die jungen Leute heute alles können! Da wird sich Robin gewaltig anstrengen müssen, um mitzuhalten! Mal schauen, ob ich Helmwein ein wenig für meine Wette einspannen kann. Ich bräuchte jemanden, der bei ProfiPack unternehmerische Vorteile ausgräbt, die sich aus der *Do-it!*-Philosophie ergeben. Vielleicht gibt es dort ja noch mehr solche Dinge wie diese ProfiPack-App.

## Freitag, 28. September

**Sprache-zu-Text-Blog Anja Johannsen:**

Bereits zwei Jahre – so lange läuft Hans-Peters idiotische Wette bereits! Eigentlich unglaublich, dass er das Interesse daran noch nicht verloren hat. Kaum eine Woche, in der er nicht zumindest kurz darüber sprechen möchte. Es mag komisch klingen, aber inzwischen kann ich der Wette sogar etwas abgewinnen. Es hat etwas Sportliches und unser kleines Geheimprojekt hat uns einander menschlich auch etwas näher gebracht. Hans-Peter hat wirklich sehr gute Seiten und manchmal tut er mir schon richtig leid. Wobei ich mir inzwischen gut vorstellen kann, dass er sein Scheitern schon vor dem Ablauf der Wette eingesteht. Er arbeitet offenbar intensiv mit seinem neuen Tablet-Computer und hat sich einen technikaffinen Assistenten geholt. Hans-Peter gehört nicht zu den Menschen, die Fehler nicht zugeben können.

## Samstag, 29. September

### Tagebuch Hans-Peter Neurath:
Gestern Abend wieder Zeit am Tablet vertrödelt. Als Ulrike ins Arbeitszimmer kam und fragte, ob sie den Port schon einschenken könne, habe ich die Arbeit mittendrin abgebrochen. Warum verplempere ich am Tablet Zeit? Ich habe mir doch vorgenommen so zügig zu arbeiten, wie es das Ding im Prinzip ermöglicht. Drei Wochenenden lang hat es auch recht gut geklappt.

## Montag, 1. Oktober

### Sprache-zu-Text-Blog Anja Johannsen:
Als hätte ich es vergangene Woche schon geahnt. Bei Hans-Peter ist der Groschen gefallen! Heute hat er im Vorstand angekündt, den Konzern bezüglich Digitalisierung an die Weltspitze bringen zu wollen. Alle Produkte und Prozesse sollen auf Chancen abgeklopft werden, die sich aus der Digitalisierung ergeben. Hans-Peter spricht von Milliarden-Investitionen. Es hat zwar lange gedauert bis er es kapiert hat - aber besser spät als nie.

# Donnerstag, 4. Oktober

**Tagebuch Hans-Peter Neurath:**

Dieser neue Assistent ist „Heuberger in Potenz"! Könnte man sich einen Internet-Zugang im Kopf implementieren lassen, hätte Clemens Helmwein ihn wahrscheinlich schon lange. Zugegebenermaßen erzielt er damit Ergebnisse. Kaum habe ich eine Frage gestellt, schon liefert er die Antwort. Trotz aller Effizienz nervt mich das. Jedenfalls bezweifle ich, dass er der Richtige ist, um bei ProfiPack Vorteile zu sehen. Der würde sich bei Mahler viel wohler fühlen. ProfiPacks Arbeitsweise findet er wahrscheinlich vor-vorgestrig. Warum habe ich beim Einstellungsgespräch nicht darauf geachtet?

# Freitag, 5. Oktober

**Tagebuch Hans-Peter Neurath:**

Ist es denn zu fassen? Anja dachte doch tatsächlich, unsere Wette hätte sich wegen meiner Digitalisierungsoffensive erledigt! Sie versteht es nicht! Durch Digitalisierung sollen unsere Produkte besser, unsere Kosten reduziert und unsere Kunden und Lieferanten enger an uns gebunden werden. Heubergers „Wissen aus der Crowd"-Beispiel hat ja schön gezeigt, dass man mittels Digitalisierung durchaus auch Kosten und Aufwand elegant auf Dritte abschieben kann. Unsere geschäftliche Kommunikation dagegen muss nicht mehr digitalisiert werden. Wenn irgendetwas bereits digitalisiert ist, dann definitiv unsere Kommunikation. Und das ist im Ansatz ja auch gut so. Elektronische Kommunikation war ja das richtige „Medikament" für die damalige Zeit. Verglichen mit der Brief- und Fax-Ära sind wir heute viel schneller, können einfacher global arbeiten und könn(t)en wohl auch Geld sparen. Weil wir uns aber von der Digitalisierung haben treiben lassen, statt sie richtig zu gestalten, müssen wir bei der Kommunikation jetzt die negativen Nebenwirkungen in den Griff bekommen. Sonst sind die Nebenwirkungen schädlicher als die Krankheit. Uns geht es wie dem Zauberlehrling, dem die Kontrolle über den eingeleiteten Prozess entglitten ist. Wobei ich mich offenbar im zweiten Teil der Ballade befinde und Anja noch im ersten Teil verweilt.

**Sprache-zu-Text-Blog Anja Johannsen:**
Hans-Peter hat eine ernsthafte Denkstörung. Er behauptet allen Ernstes, seine Digitalsierungsoffensive habe nichts mit Kommunikation zu tun. Als könnte man da einen Unterschied machen. Ich weiß wirklich nicht, was ich von ihm halten soll. Immer wenn ich anfange ihn für etwas zu mögen, leistet er sich wieder so einen Hammer.

## Dienstag, 16. Oktober

**Sprache-zu-Text-Blog Anja Johannsen:**
ProfiPack wirbt bei Mahler die besten Mitarbeiter ab. Das behauptet zumindest Heuberger. Schon zwei Leute haben gekündigt, um zu ProfiPack zu wechseln. Jetzt hat sich auch noch Mahlers bester Projektmanager bei ProfiPack beworben. Falls der wirklich wechselt, tut das Mahler richtig weh. Heuberger bat mich, mit Hans-Peter über die Sache zu sprechen. Der hat sich erst einmal vier Punkte für „Höhere Unternehmensattraktivität aufgrund einer visionsgetriebenen aufgabenorientierten Führung" gutgeschrieben. Das sind genauso viele Punkte, wie ich damals für die wechselnden Trainees verlangt habe. Trotz seiner unübersehbaren Genugtuung sieht Hans-Peter ein, dass es nicht förderlich ist, wenn wir innerhalb des Konzerns aktiv Mitarbeiter abwerben. Er versprach, das Problem bei Kuhn zur Sprache zu bringen.

## Donnerstag, 18. Oktober

**Tagebuch Hans-Peter Neurath:**
Kuhn weist den Vorwurf, aktiv Mahler-Mitarbeiter abzuwerben, weit von sich. Die drei Mahler-Leute, die sich bei ProfiPack be-

worben haben, sind in den vergangenen Monaten bei den Profi-Pack-Lauftreffs mitgelaufen und haben dabei offenbar Gefallen am Unternehmens-Klima gefunden. Wobei Kuhn schon zugibt, dass speziell dieser Projekt-Manager, Udo Jäckel, gut ins Team passen würde. Kuhn will aber keinen Stress mit Heuberger. Das hat er Heuberger offenbar schon bei einem Telefonat gesagt. Er hat ihm empfohlen, Jäckel ein attraktives Angebot zu unterbreiten. Er selbst wird Jäckel nur die Konditionen anbieten, die der bei Mahler bereits hat. Sollte Jäckel trotzdem wechseln wollen, würde ihn ProfiPack nehmen. „Besser er kommt zu uns, als Astrall ganz zu verlassen", meint Kuhn. Recht hat er!

## Montag, 22. Oktober

### Tagebuch Hans-Peter Neurath:

Mein neuer Assistent ist fast vom Glauben abgefallen, als ich ihn in die Grundzüge unseres kleinen Experiments einweihte. Natürlich habe ich ihm nichts von der Wette erzählt. Er weiß lediglich, dass wir mit Kuhn und Heuberger Führungspersönlichkeiten mit unterschiedlicher Einstellung zu elektronischen Hilfsmitteln haben, die wir absichtlich in ihrer jeweiligen Art fördern, um zu sehen, wie sich das auf ihre Unternehmen auswirkt. Helmwein war entsetzt, dass wir ProfiPack „sehenden Auges in die vollkommen falsche Richtung laufen lassen". Noch entsetzter war er, als ich ihm eröffnete, dass es seine Aufgabe sei, ausgerechnet bei Profi-Pack Vorteile auszugraben. Entsprechend gering ist seine Begeisterung für die Aufgabe. So stelle ich mir einen ambitionierten Jungreporter vor, der angetreten ist, um vom europäischen Spitzenfußball zu berichten und von seinem Chefredakteur nur zu D-Jugendspielen geschickt wird. Aber da muss Helmwein durch! Nachsatz: Helmwein ist jetzt über einen Monat bei mir. Ist ihm denn noch nicht aufgefallen, wie ich arbeite? Wie konnte er sich vor diesem Hintergrund bei seiner Tirade über die „vollkommen falsche Richtung" derart negativ über die „antiquierte Arbeits-

weise bei ProfiPack" auslassen? Hat ein Vorstand bei ihm Narrenfreiheit?

## Dienstag, 30. Oktober

### Sprache-zu-Text-Blog Anja Johannsen:

Anscheinend hat Heuberger nicht immer nur Glück. Udo Jäckel will nämlich trotz angebotener Gehaltserhöhung zu ProfiPack wechseln. Offenbar
arbeitet er lieber für weniger Geld dort, als für deutlich mehr bei Mahler.
Hans-Peter hat gleich zwei Punkte reklamiert. Ich habe ihm aber nur einen Punkt zugestanden, weil für Jäckels Entscheidung sicherlich auch
eine Rolle gespielt hat, dass sich sein Weg zur Arbeit künftig halbiert.
Heuberger ist jedenfalls verärgert. Er besteht auf die Einhaltung der Kün-
digungsfrist, was bei Veränderungen innerhalb des Konzerns unüblich ist.

## Mittwoch, 31. Oktober

### Tagebuch Hans-Peter Neurath:

Timo Bannert unterzeichnete heute einen Vertrag, mit dem wir
unsere gesamte Kommunikationsinfrastruktur an ein Dienstleis-
tungsunternehmen outsourcen. Timo ist offenbar von Heuberger
beeinflusst, der sich ständig über die Vorteile der Cloud auslässt.
Ich persönlich mag die Abhängigkeit von Dritten nicht. Der Gedanke, dass unsere sensiblen Daten bei irgendeinem amerikanischen Dienstleister liegen, statt in unseren eigenen Rechenzent-
ren, gefällt mir nicht. Doch Timo meint, das wäre absolut sicher.
Der Dienstleister böte sogar eine höhere Datensicherheit – bei
gleichzeitiger besserer Verfügbarkeit und niedrigeren Kosten.
Timo betont ständig, wir würden unseren elektrischen Strom
schließlich auch von einem Dienstleister beziehen und nicht
selbst produzieren. Die Aussage stimmt. Fragt sich nur, ob die
Analogie passt.

# Mittwoch, 14. November

**Sprache-zu-Text-Blog Anja Johannsen:**
Hans-Peters neuer Assistent war diese Woche zwei Tage in Ulm und
Neu-Ulm. Er erzählte heute in der Kaffeepause mit leuchtenden Augen
von einem neuen, revolutionären Management-Informationssystem, das
bei Mahler vor der Einführung steht. Hans-Peter wirkte angefressen. Er
beschied Helmwein, sich zukünftig mehr um ProfiPack als um Mahler zu
kümmern. Wann versteht Hans-Peter endlich, dass er mit seinen Ansich-
ten bezüglich effektiver Arbeitsweise vollkommen alleine dasteht?

# Montag, 19. November

**Tagebuch Hans-Peter Neurath:**
Die Ergebnisse der Mitarbeiterbefragung sind da. Franziska
Zannoni ist sehr zufrieden. Vor allem natürlich deshalb, weil
die Mitarbeiter konzernweit recht zufrieden sind. Lediglich der
Stress wird allgemein höher erlebt als noch vor einem Jahr. Profi-
Pack dagegen hat mich enttäuscht. Die Mitarbeiterzufriedenheit
ist dort zwar wieder auf das alte Niveau zurückgekehrt – aber
halt nicht höher. Nach der begeisterten Stimmung bei der Busi-
ness-City-Lauf-Feier hatte ich deutlich mehr erwartet. Gegenüber
der Ausgangssituation kann ich also keine Verbesserung
aufweisen. Anja mit Mahler dagegen eine deutliche, auch
wenn sich die Mitarbeiterzufriedenheit bei Mahler im
vergangenen Jahr nur leicht verbessert hat.

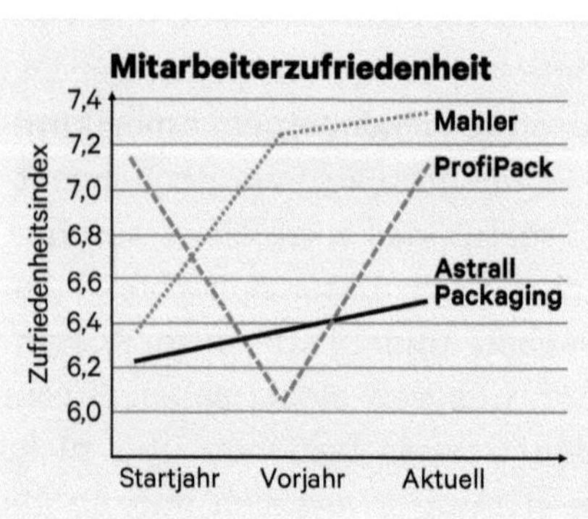

# Jahr 3

## Erste Zweifel

# Montag, 14. Januar

**Sprache-zu-Text-Blog Anja Johannsen:**

Ich habe heute die Finanzzahlen des vergangenen Geschäftsjahres präsentiert. Astrall liegt sowohl bei Umsatz als auch bei Gewinn über Plan. Gut für die Aktionäre und gut für unsere Vorstandsboni. Wichtiger als sein Bonus scheint Hans-Peter aber unsere Wette zu sein. Er interessierte sich vor allem für die Zahlen der Verpackungseinheiten. ProfiPack hat bei allen Kennzahlen viel deutlicher zugelegt als Mahler. Für die Wette hilft das Hans-Peter aber wenig. Gegenüber der Startsituation ist der ProfiPack-Umsatz nur um etwa 2 Prozent höher, der EBIT ist sogar gefallen. Mahler steigerte dagegen den Umsatz innerhalb der zwei Jahre um 11 Prozent und den EBIT um 16 Prozent. Mit anderen Worten: Auch auf den Zeitraum von zwei Jahren schlägt Mahler ProfiPack in den Kategorien „Änderung in Mitarbeiterzufriedenheit" und „Änderung im wirtschaftlichen Erfolg". Meinem Gefühl nach hat ProfiPack wieder zu seinem alten Rhythmus zurückgefunden und wir werden dort in den nächsten Jahren weiterhin solide Werte sehen, aber eben nicht jene Dynamik, die inzwischen bei Mahler herrscht.

**Gewinn & Verlust (in Mio €)**

| | | Startjahr | Vorjahr | Aktuell |
|---|---|---|---|---|
| **Astrall Packaging** | Umsatz | 341 | 349 | 359 |
| | Gewinn | 33 | 35 | 36 |
| **ProfiPack** | Umsatz | 390 | 379 | 399 |
| | Gewinn | 45 | 34 | 42 |
| **Mahler** | Umsatz | 274 | 292 | 305 |
| | Gewinn | 24 | 25 | 27 |

**Tagebuch Hans-Peter Neurath:**

Kuhn scheint den Umschwung geschafft zu haben. Jetzt muss er nur noch Gas geben. Endgültig abgerechnet wird in zwei Jahren. Anja ist sich ihrer Sache wohl nicht mehr ganz so sicher. Im Anschluss an die Vorstandsrunde versuchte sie einmal mehr, mich zum Aufgeben zu überreden. Keine Chance!

## Mittwoch, 16. Januar

**Tagebuch Hans-Peter Neurath:**

Da sieht man wieder einmal, was bei Outsourcing herauskommen kann! Seit 0 Uhr sollte unsere gesamte Kommunikation über die IT-Infrastruktur des Dienstleisters laufen. Tut sie aber nicht. Zumindest nicht komplett. E-Mail bereitet Probleme. Es treffen keine neuen E-Mails in den Posteingängen ein und geschriebene E-Mails bleiben einfach in den Postausgängen liegen. Und das konzernweit! Am Vormittag meinte Timo Bannert noch, das Problem sei bis Mittag gelöst. Am Abend sprach er davon, dass die Systeme „hoffentlich morgen früh" wieder ordentlich laufen. Was hatte Timo vergangenes Jahr gesagt? Die Verfügbarkeit würde sich durch einen Dienstleister verbessern! Davon sind wir aktuell weit entfernt. Ich glaube nicht, dass wir jemals in unserer Firmengeschichte einen eintägigen IT-Blackout gehabt haben. Gott sei Dank betrifft es nur die Kommunikation und nicht unsere zentralen IT-Systeme.


## Donnerstag, 17. Januar

**Sprache-zu-Text-Blog Anja Johannsen:**

Einige Internetplattformen berichteten heute, bei Astrall gehe aufgrund des E-Mail-Ausfalls „nichts mehr". Es kommt der Wahrheit nahe. E-Mail war den gesamten Tag über nur eingeschränkt nutzbar. Gegen Abend informierte uns Timo Bannert, der Fehler sei gefunden und behoben. Die amerikanischen Kollegen können bereits wieder regulär arbeiten. Wenn in Asien und Europa die Sonne aufgeht, sollten auch dort die Systeme wieder funktionieren. Ich bin froh, dass wir bei unserer Wette vereinbart haben, nur auf die Vorteile der jeweiligen Arbeits- und Kommunikationsweise zu schauen. Sonst würde Hans-Peter sicherlich wieder Punkte verlangen. Wobei ich mir nicht mehr ganz so sicher bin, ob dieses „nur auf die Vorteile schauen" wirklich richtig ist. Zumindest gravierende Nachteile hätten wir eigentlich nicht vernachlässigen dürfen.

## Montag, 21. Januar

**Tagebuch Hans-Peter Neurath:**
Musste Clemens Helmwein heute massiv an seine Aufgabe erinnern, bei ProfiPack Interessantes auszugraben. Anscheinend hat er gehofft, ich würde die Sache vergessen. Tue ich aber nicht.

## Dienstag, 22. Januar

**Tagebuch Hans-Peter Neurath:**
Meine Standpauke hat gewirkt! Helmwein hat sich an den Projekt-Manager erinnert, der zu ProfiPack wechseln wollte, und sich bei Kuhn nach dem Mann erkundigt. Der Neue macht sich offenbar gut und hat vergangene Woche bei ProfiPack bereits seinen Kulturschock erlebt. Was Kuhn mit „Kulturschock" meinte, konnte mir Helmwein aber nicht sagen. Er hat anscheinend noch kein Gefühl für Schlüsselwörter. So muss er sich halt jetzt noch einmal schlau machen.

## Mittwoch, 23. Januar

**Tagebuch Hans-Peter Neurath:**
Mein Gefühl hat mich nicht betrogen! Hinter „Kulturschock" verbirgt sich wirklich eine interessante Geschichte! Passiert ist sie am ersten Tag des E-Mail-Ausfalls. Jäckel, der neue ProfiPack-Mitarbeiter, war geschockt, als seine Kollegen nach einigen bissigen Bemerkungen über den E-Mail-Crash ungerührt zum Tagesgeschäft übergingen. Er dagegen hat ständig im PC nachgesehen, ob das E-Mail-System wieder funktioniert. Jäckel meinte, ohne Rechner hätte er einfach nicht genügend Arbeit gehabt. Hochinteressant! Helmwein soll herausfinden, inwieweit sich die Arbeitsweisen von ProfiPack- und Mahler-Mitarbeitern während des E-Mail-Crashs unterschieden haben. Keine Ahnung, wie er das bewerkstelligen kann. Junge Menschen brauchen Herausforderungen.

# Dienstag, 29. Januar

**Tagebuch Hans-Peter Neurath:**

Hut ab vor Helmwein! Wenn ihn etwas interessiert, kann er zu Hochform auflaufen. Er hat jedenfalls einige wirklich spannende Daten aufgetrieben. Alle zeigen Mahler und ProfiPack während des E-Mail-Ausfalls am jeweils gegenseitigen Ende des gesamten Astrall-Spektrums. Erstens: Es gab keine Astrall-Gesellschaft, von der während des E-Mail-Crashs (pro Mitarbeiter) öfters bei der IT-Hotline angerufen wurde als von Mahler. ProfiPack-Mitarbeiter auf der anderen Seite haben mit Abstand am seltensten angerufen. Zweitens: Der Anteil jener Mitarbeiter, die während der zwei Tage öfters als fünf Mal die Nummer der Hotline gewählt haben, ist bei Mahler mit Abstand am höchsten. Bei ProfiPack dagegen hat nur ein einziger Mitarbeiter öfter als fünf Mal gewählt: Udo Jäckel. Drittens: Bei Mahler wurden während des Ausfalls nur 21 Prozent der sonst üblichen E-Mails geschrieben. Die ProfiPack-Leute haben dagegen 56 Prozent ihres normalen E-Mail-Volumens generiert. Laut Helmwein deutet das darauf hin, dass bei Mahler eine E-Mail eher eine REAKTION auf eine E-MAIL ist, während bei ProfiPack aus GESCHÄFTSVORFÄLLEN heraus mit E-Mails AGIERT wird. Viertens: Obwohl unsere Datei-Server eigentlich nichts direkt mit E-Mail zu tun haben, sind die Zugriffszahlen auf sie zeitgleich mit dem E-Mail-Crash nach unten gegangen – wiederum mit Abstand am deutlichsten bei Mahler und nahezu überhaupt nicht bei ProfiPack. Eigentlich müsste man erwarten, dass Mitarbeiter bei einem E-Mail-Crash mehr Zeit für ihre Kernaufgaben haben – also unter anderem auch dafür, Dateien zu bearbeiten. Doch das war bei keinem einzigen Astrall-Unternehmen der Fall. Lediglich bei ProfiPack herrschte diesbezüglich so etwas wie „business as usual". Helmwein interpretiert dies als einen weiteren Hinweis darauf, dass bei Mahler vor allem aufgrund einer eingehenden E-Mail gearbeitet wird – also REAGIERT wird, während bei ProfiPack das aktive AGIEREN vorherrscht.

# Mittwoch, 30. Januar

**Sprache-zu-Text-Blog Anja Johannsen:**

Hans-Peter hat heute zehn Punkte für ProfiPack gefordert. Seiner Meinung nach beweisen Helmweins Daten schlüssig, dass die ProfiPack-Belegschaft auf das Geschäft fokussiert ist und sich deshalb durch den Ausfall eines Kommunikationsmittels nicht aus dem Konzept bringen lässt. Wohingegen die Mahler-Leute vollkommen von der Rolle waren, als keine E-Mails mehr eintrafen, auf die sie reagieren konnten. Ich konnte dieser wilden Argumentation beim besten Willen nicht folgen. Schließlich zeigen die Zahlen genau das, was man erwartet, wenn ein zentrales Kommunikationsmittel in einem modernen Unternehmen ausfällt. Unsere Wette lautet schließlich nicht, welches Unternehmen erfolgreicher ist, wenn E-Mail NICHT verfügbar ist. Vielmehr betrachten wir den Erfolg unter REGULÄREN Bedingungen. Und normalerweise funktionieren die elektronischen Kommunikationsmittel nun einmal. Und im regulären Betrieb läuft Mahler um Längen besser als ProfiPack. Hans-Peter war uneinsichtig. Er setzte sich kraft seiner Position durch. Ich ärgere mich maßlos!

**Tagebuch Hans-Peter Neurath:**

Anja interpretiert die Zahlen vollkommen anders als ich. Aber egal was sie sagt, die Zahlen beweisen meiner festen Überzeugung nach unzweideutig, dass der Fokus auf das elektronische Kommunikations-System bei Mitarbeitern die Fähigkeit zur Initiative tötet. Mitarbeiter werden zu Zombies, die nur noch reagieren und nicht mehr agieren, die nicht mehr zwischen „wichtig" und „unwichtig" unterscheiden können und stattdessen alles als „dringend" behandeln. Doch meine Überzeugung nützt nichts, wenn sich das bei ProfiPack nicht endlich in den Kennzahlen niederschlägt: entweder beim Umsatz, beim Gewinn oder zumindest in der Mitarbeiterzufriedenheit. Oder sollte ich etwa total falsch liegen? Vielleicht stimmt meine Grundannahme ja gar nicht. Was, wenn unsere Wette zeigt, dass eine Belegschaft, die gedankenlos nur das abarbeitet, was in ihrem Posteingang landet, ebenso erfolgreich ist wie eine Belegschaft, die ihren Kopf benutzt? Vielleicht sogar erfolgreicher? Der nächste logische Schritt wäre, die meisten dieser hirnlosen Rädchen, die nur nach dem Prinzip „Impuls – Reaktion" funktionieren, durch Software zu ersetzen. Wenn sich die Kennzahlen bei ProfiPack nicht deutlich besser entwickeln als bei Mahler, müssen wir ernsthaft in diese Richtung denken. Auch wenn mir der Gedanke nicht gefällt. Rein aus Prinzip habe ich auf Punkte für ProfiPacks anderen Umgang mit dem E-Mail-Crash bestanden. Fünf an der Zahl. Anja wirkte sehr unzufrieden.

## Dienstag, 5. Februar

**Tagebuch Hans-Peter Neurath:**
Habe auf dem Rückweg von Stuttgart wieder einen Zwischenstopp bei ProfiPack einlegen lassen. Helmwein zeigte Kuhn die Ergebnisse seiner Recherche. Kuhn war begeistert. Er meinte, genau diese Art von Information zu brauchen, um den Mitarbeitern zu zeigen, dass sie auf dem richtigen Weg seien. Obwohl ProfiPack inzwischen über ein Jahr *Do-it!* praktiziert und ständig an der Verbesserung arbeitet, stellt sich das Durchsetzen von effizienter Kommunikation laut Kuhn immer noch wie der Kampf eines Gärtners gegen das Springkraut dar: Man sieht deutliche Fortschritte, doch man weiß auch, dass „der Urwald wieder überhand nimmt", sobald man aufhört zu intervenieren. Kuhn hätte nicht gedacht, dass dieser Prozess so lange dauert. Ich auch nicht. Wobei ich das ja selbst mit meinem Tablet-Computer erlebe. In die gleiche Richtung laufen die Erfahrungen, die WGT und auch die Artel Corp. mit der elektronischen Kommunikation gemacht haben. Woran liegt das? Welche Mechanismen wirken da? Und wie lange braucht eine Belegschaft, bis keine Rückfälle mehr zu befürchten sind? Ich habe angekündigt, nächste Woche wieder vorbeizuschauen.

# Freitag, 15. Februar

**Tagebuch Hans-Peter Neurath:**

War heute terminlich ziemlich eng. Hatte deshalb erstmals seit Beginn der Wette Heuberger und Kuhn gleichzeitig am Mittagstisch. Entsprechend oberflächlich verlief das Gespräch. Trotzdem kam etwas Interessantes dabei heraus. Kuhn erzählte, bei Profi-Pack seien in Folge des Business-City-Laufes mehrere Feierabendlaufgruppen entstanden. Zwei davon haben für die Wintersaison Turnhallen gemietet. Die eine macht dort Fitnessgymnastik, die andere spielt Volleyball. Heuberger wollte auch mitreden und hat in seinem Handy nachgeschaut, wie viele Mahler-Leute noch trainieren. Er war sichtlich enttäuscht. Aktuell nutzen nur noch sieben die Mahler-Running-App. Heuberger meinte, mit besserem Wetter würde sich das sicherlich wieder ändern. Trotzdem: Der ProfiPack-Trainingsansatz ist zweifellos nachhaltiger gewesen als Heubergers „High-Tech"-Ansatz.

# Montag, 18. Februar

**Sprache-zu-Text-Blog Anja Johannsen:**

Unglaublich! Hans-Peter wollte doch tatsächlich fünf Punkte dafür, dass ProfiPack-Leute Sport treiben. Sport! Was hat das mit „unternehmerischer Agilität" zu tun? Hans-Peter meinte, das sei ein Beweis für die höhere Nachhaltigkeit des ProfiPack-Ansatzes. Mag schon sein. Aber für das Unternehmen bringt das rein gar nichts. Dieses Mal blieb ich hart. Ab sofort gibt es nur noch Eintragungen, wenn ich absolut überzeugt bin. Schließlich liegt ProfiPack punktemäßig nicht mehr bei null. Außerdem hat mich Hans-Peters Druck neulich sauergefahren. Die Zeit der Almosen ist ab sofort vorbei.

# Donnerstag, 21. Februar

**Sprache-zu-Text-Blog Anja Johannsen:**
Timo Bannert hat vor einigen Tagen gemeint, das neue Mahler-Management-Informationssystem böte einen „Blick ins nächste Jahrhundert". Heute war ich dort und muss sagen, dass er kein bisschen übertrieben hat. Ein Musterbeispiel von „Big Data". Laut Heuberger hat sich Hans-Peter für nächste Woche angekündigt. Ich bin gespannt, wie er auf das Management-Informationssystem reagiert – und wie viele Punkte er von sich aus dafür anbietet. Unter acht Punkten geht jedenfalls gar nichts.

# Mittwoch, 27. Februar

**Tagebuch Hans-Peter Neurath:**
Heuberger platzte fast vor Stolz, als er Helmwein und mir die sechs überdimensionalen, an seiner Bürowand hängenden Monitore zeigte, die ihm den aktuellen „Gesundheitszustand" seines gesamten Unternehmens visualisieren sollen. Über die Monitore wandern ständig amöbenartige Flächen – überwiegend in den unterschiedlichsten Grüntönen. Das Ganze erinnert eher an die Installation eines Videokünstlers als an ein Managementinformationssystem. Jede Amöbe steht für eine erfolgsrelevante Unternehmenskomponente. Je wichtiger eine Komponente für den Gesamterfolg ist, desto größer und prominenter wird die sie repräsentierende Amöbe dargestellt. Jede Amöbe ergibt sich aus komplexen Algorithmen, in die unzählige Parameter aus Mahler-internen Datenverarbeitungsströmen, Big-Data-Analysen und Sensormeldungen einfließen. Die Farbe stellt den Status dar. Das amöbenartige Wabern kommt davon, dass sich jede Fläche in Echtzeit aus sich ständig ändernden Parametern errechnet. Fällt beispielsweise eine Maschine aus, so ändert die Amöbe, die auf dem „Produktion"-Bildschirm die jeweilige Fertigungsmaschinengruppe repräsentiert, ihren Grünton in einen roten Farbton. Je wichtiger die Maschine ist, desto intensiver wird das Rot.

Je stärker sich der Ausfall auf andere Prozesse auswirkt, desto größer wird die Amöbe. Auf diese Weise hat Heuberger sein gesamtes Unternehmen im Blick.

Bei der Vorführung war lediglich ein kleines Pantoffeltierchen orange. Heuberger deutete mit dem Laserpointer auf das Ding und sofort ging ein Datenfenster auf. Offenbar hatte das System festgestellt, dass die elektronische Kommunikation, die einen Kunden namens Stattmann AG betraf, zunehmend Formulierungen enthielt, die auf eine belastete Kundenbeziehung hindeuten konnten – also Worte wie „schlecht", „hoffentlich nicht", „sollten" oder „Ärger". Allein wegen dieser Worte war dieses Ding orange geworden! Anscheinend auch aus gutem Grund. Noch während Heuberger über die zur Berechnung verwendeten Algorithmen schwadronierte, wurde die Amöbe knallrot und mindestens fünfmal größer. Laut Datenschirm wurden inzwischen E-Mails ausgetauscht, die das Wort „Schadensersatz" enthielten. Außerdem hatte der Vertriebsleiter gerade das Eingangsdatum für eine hohe Zahlung des Kunden auf „unbekannt" geändert. Heuberger wurde vollkommen hektisch, weshalb ich mich verabschiedete. Helmwein dagegen war neugierig und blieb.

## Donnerstag, 28. Februar

### Sprache-zu-Text-Blog Anja Johannsen:

Es hätte gar nicht besser kommen können! Während Hans-Peters Besuch bei Mahler trat ein Ereignis ein, das die Möglichkeiten moderner Technologie eindrucksvoll demonstrierte. Hans-Peter ging zwar früher, aber sein Assistent bekam alles aus erster Hand mit.

Die Situation: Die Stattmann AG in Kiel verweigerte die Abnahme der gelieferten Verpackungsstraße wegen einer Vielzahl von Kleinigkeiten (bis hin zur falschen Kommasetzung in der Dokumentation). Schadensersatzansprüche standen im Raum. Stattmanns Produktionsleiter bestand auf eine hundertprozentige Erfüllung bis aufs letzte Komma. Er lehnte jede spätere Nachbesserung ab. Heuberger versuchte, die Stattmann-Geschäftsleitung zu sprechen, doch die verwies auf den zuständigen Produktionsleiter.

Heuberger löste die Probleme (Originalton Helmwein) „auf geniale Weise". Zum Abarbeiten der Reklamationsliste schickte er sofort jene fünf Techniker, die sich gerade im norddeutschen Raum aufhielten (drei davon im Urlaub!), zu Stattmann. Nicht das Schicken der Techniker war nach Helmweins Ansicht genial, sondern, wie Heuberger die Techniker auftrieb. Er ließ die Positionsdaten aller Techniker-Handys auswerten und hatte im Handumdrehen jene Mitarbeiter identifiziert, die innerhalb einer Stunde bei Stattmann sein konnten. Die nächste Maßnahme ging in die gleiche Richtung: Heuberger ließ sämtliche E-Mail-, Telefon- und Faxtransaktionen bei Mahler analysieren. Es zeigte sich, dass elf Personen regelmäßig Kontakt zu Stattmann pflegen. Heuberger erklärte den elf Mitarbeitern in einer E-Mail die Situation und bat sie, über ihre jeweiligen Kontakte bei Stattmann zu intervenieren. Was niemand bis zu diesem Zeitpunkt gewusst hatte: Eine Logistik-Sachbearbeiterin ist mit einem Stattmann-Vorstand verschwägert. Das hätte man ohne die Datenanalyse nie im Leben entdeckt. Die Mitarbeiterin hat versprochen, ihren Schwager anzurufen.


## Freitag, 8. März

### Sprache-zu-Text-Blog Anja Johannsen:
Fantastisch. Heuberger hat es wirklich geschafft! Der verschwägerte Stattmann-Vorstand hat interveniert, die Verpackungsstraße wurde abgenommen und ist sogar bereits bezahlt. Nachbesserungen erfolgen innerhalb der nächsten Wochen. Timo Bannert ist aus dem Häuschen und promotet den Fall konzernweit als ein Best-Practice-Beispiel für den kreativen Einsatz moderner IT-Technologie. Hans-Peter hat erst gar nicht versucht, gegen meine geforderten zehn Punkte Einspruch zu erheben.

# Dienstag, 12. März

**Tagebuch Hans-Peter Neurath:**

Bislang musste ich mit einem Heuberger-Fan leben. In Zukunft wohl mit zweien! Helmwein ist von Heubergers Krisenmanagement bezüglich der Stattmann GmbH maßlos begeistert. Habe heute mit Heuberger telefoniert, um mehr über die Hintergründe zu erfahren. Inzwischen kennt er die Ursache des Ärgers. Der neue Stattmann-Produktionsleiter wollte zeigen, dass er Kosten sparen kann (nach dem Motto „Neue Besen kehren gut!"), weshalb er von Mahler einen Rabatt auf den von seinem Vorgänger getätigten Auftrag wollte. Als er den nicht bekam, hat er Mahler ständig Steine in den Weg gelegt. Das Ganze eskalierte bis zur Verweigerung der technischen Abnahme der bereits installierten Verpackungsstraße. Im Endeffekt ist es immer der „Faktor Mensch". Heuberger ist jedenfalls zufrieden. „Alles wieder im grünen Bereich", hat er gemeint und sich dabei wahrscheinlich auf die Monitore in seinem Büro bezogen.

# Mittwoch, 20. März

**Tagebuch Hans-Peter Neurath:**

Helmwein kennt kein anderes Thema mehr als Heubergers „genialen" Umgang mit dem Stattmann-Problem. Beim Besuch in Neu-Ulm erkundigte er sich ausgerechnet bei Kuhn, wie der die kritische Situation gelöst hätte, wenn Stattmann ein ProfiPack-Kunde gewesen wäre. Kuhn verpasste ihm den ersten Dämpfer, als er sagte, er selbst hätte das Problem wahrscheinlich gar nicht mitbekommen. Das sei Sache des Vertriebsleiters. Helmwein wollte dann wissen, wie der reagiert hätte. Also rief Kuhn den Vertriebschef. Der brauchte genau drei Fragen um herauszubekommen, weshalb das Problem aufgetreten war: Man hatte dem neuen Stattmann-Produktionsleiter verwehrt, sich in seinem Unternehmen als tollen Hecht darzustellen. Der Vertriebschef meinte daraufhin, in diesem Fall wäre das Problem bei ProfiPack erst gar nicht entstanden. Sofern der zuständige ProfiPack-Verkäufer nämlich das Gefühl gehabt hätte, sich mit dem geforderten Rabatt die langfristige Loyalität des Produktionsleiters erkaufen zu können, hätte er den Rabatt gegeben. Und das nötigenfalls sogar ohne Rücksprache mit seinem Chef. Die *Do-it!*-Kultur würde ihm das erlauben. *Do-it!* stelle nämlich die langfristige Kundenbeziehung klar über eine kurzfristige Profitmaximierung.

Auf der Rückfahrt war Helmwein ungewöhnlich still. Ihm ging offensichtlich auf, dass Heubergers spektakuläre Aktion den Stattmann-Produktionsleiter sicherlich nicht zum Mahler-Freund gemacht hat. Der Mann wird die nächste Verpackungsstraße kaum bei Mahler bestellen. So gesehen wirkt Heubergers Aktion nicht mehr ganz so cool. Mir selbst ist heute wieder einmal klar geworden, wie schwierig für unsere Wette Situationen sind, in denen – so wie in diesem Kundenbeispiel – Probleme durch sinnvolle Organisation von vornherein vermieden werden. Wie will ich da Punkte einfordern? Ich verstehe jetzt jedenfalls, warum Hersteller von Unkrautvernichtern ihren Mitteln auch Unkrautdünger zumischen. Die Wirkung der Vernichtungschemikalie ist viel sichtbarer, wenn das Unkraut vorher so richtig ins Kraut schießen kann.

## Donnerstag, 21. März

**Tagebuch Hans-Peter Neurath:**
Die Sache mit dem ProfiPack-Verkäufer geht mir nicht aus dem Kopf. Sollen unsere Verkäufer wirklich derart selbstständig Rabatte geben können? Verschenken wir nicht unnötig Gewinn? Man kann das Prinzip „Entscheidungen möglichst weit unten treffen" schließlich auch übertreiben. Daneben beunruhigt mich der Umstand, dass das ProfiPack-Management dadurch viele Dinge womöglich nicht mehr mitbekommt.

# Montag, 25. März

**Tagebuch Hans-Peter Neurath:**

Konnte mich nicht mehr zurückhalten. Habe Kuhn auf die Themen „Rabatt" und „mangelnde Management-Kontrolle" angesprochen. Offensichtlich hatten viele ProfiPack-Führungskräfte zu Beginn der *Do-it!*-Inititiative die gleichen Sorgen. Die Bedenken seien inzwischen aber verflogen. Das Management müsste nämlich immer noch wesentlich mehr Energie dafür investieren, NICHT von seinen Mitarbeitern in Entscheidungen hineingezogen zu werden (Stichworte: „Cover my Ass" und „Delegation der Verantwortung nach oben") als fehlenden Informationen hinterherzulaufen. Obwohl die Mitarbeiter beispielsweise wüssten, dass es ihnen nichts nützt, wenn sie ihren Chef in E-Mails „Cc" setzen, würden sie es doch immer wieder versuchen. Dafür, dass Führungskräfte über alle wesentlichen Dinge informiert sind, würde das *Do-it!*-Berichtswesen sorgen, in dem jeder Mitarbeiter seinen Vorgesetzten wöchentlich mit einem Ampelsystem über seine Arbeit informiert.

Im Gegensatz zu dem Mahler-Management-Informations-System werden bei ProfiPack die Berichte nicht automatisch aggregiert. Theoretisch kann ein Vorgesetzter, der von seinen Mitarbeitern lauter rote Ampeln gemeldet bekommt, seinem eigenen Management „alles bestens" melden. Kuhn will das Management in der Verantwortung sehen. Gefällt mir! Auch bezüglich des Rabatts hat Kuhn mich beruhigt. Erstens gibt es klare Höchstrabatte, und zweitens schleppt jeder Verkäufer schon aus reinem Show-Effekt seinen Vertriebsleiter – vielleicht sogar den Geschäftsführer – mit zum Kunden, bevor er einen höheren Rabatt gewährt. Schließlich soll der Kunde sich ordentlich in der Schuld des Verkäufers fühlen. Das kann ich nachvollziehen. Mir wird langsam klar, was die ProfiPack-Leute gemacht haben, als sie vergangenes Jahr ständig mit diesen Beratern zusammensaßen. Offenbar wurde da viel Konkretes wie die ProfiPack-App und dieses *Do-it!*-Berichts-

system geschaffen. Nur weiß das außerhalb von ProfiPack kein
Mensch. Hatte ich nicht Helmwein beauftragt, solche Dinge auszugraben? Als erstes soll er einmal der Sache mit den Cc-Kopien
auf den Grund gehen. Die sollen ja laut Kuhn durch „Verlagerung
von Verantwortung nach unten" reduziert worden sein.

## Dienstag, 2. April

### Tagebuch Hans-Peter Neurath:

Ist es denn die Möglichkeit? Seit eineinhalb Jahren habe ich
mir nicht mehr die Entwicklung der E-Mail-Mengen angesehen!
Helmwein hat die Statistik bei seiner Recherche zu den Cc-Kopien
ausgegraben. Demnach hat Mahler mit Abstand die meisten E-Mails pro Mitarbeiter. Und das trotz der Videokonferenzsoftware! Bei ProfiPack ist das E-Mail-Aufkommen pro Mitarbeiter dagegen nach Einführung von Do-it! drastisch gefallen. Ein ProfiPack-Mitarbeiter schlägt sich mit weniger als der Hälfte der E-Mails herum als sein Kollege bei Mahler! Der Blick auf den Anteil der Cc-E-Mails beeindruckt noch mehr. Bei Mahler sind 75 Prozent aller empfangenen E-Mails Cc-Kopien, bei ProfiPack nur 41 Prozent. Helmwein führt das

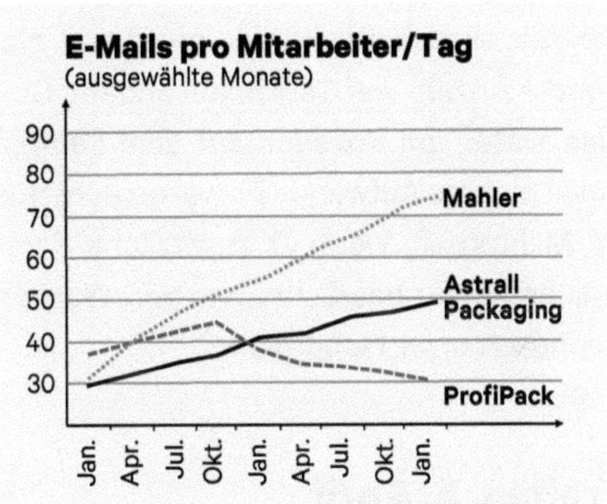


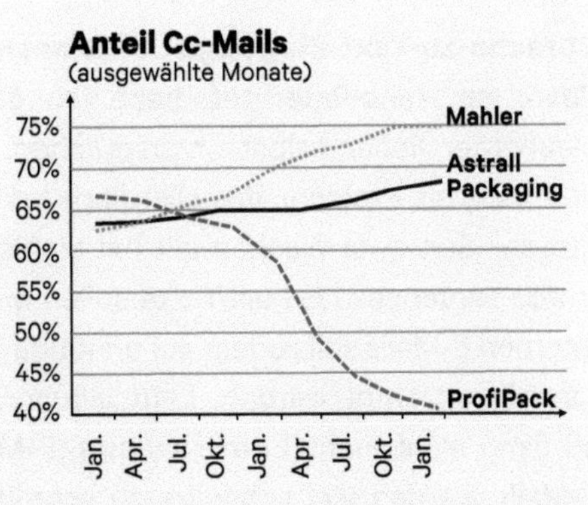

auf das *Do-it!*-Berichtswesen zurück und darauf, dass die Profi-Pack-Mitarbeiter stärker selbst in die Verantwortung gehen. Da wird Anja staunen!

## Donnerstag, 4. April

**Sprache-zu-Text-Blog Anja Johannsen:**
Das ist wieder einmal so richtig typisch. Hans-Peter interpretiert Zahlen immer so, dass sie in sein Weltbild passen. Er wollte fünf Punkte, weil ProfiPack-Mitarbeiter angeblich effizienter per E-Mail kommunizieren. Dabei sagt die reine Anzahl der E-Mails überhaupt nichts aus. Profi-Pack-Mitarbeiter mögen vielleicht weniger E-Mails haben, dafür nehmen sie wahrscheinlich an mehr Besprechungen teil und telefonieren öfter. Ob das wirtschaftlicher ist, muss erst einmal bewiesen werden. Was die höhere Anzahl von Cc-Kopien angeht: Cc-Kopien sind nun einmal ein ideales Mittel, um Kollegen auf dem Laufenden zu halten – und das ohne zusätzlichen Aufwand. Es verursacht für den Absender praktisch keine Mehrarbeit, wenn er zusätzliche Personen in „Cc" kopiert. Dagegen braucht er für das Schreiben von Wochenberichten zusätzlich Zeit. DAS nenne ich unwirtschaftlich.

## Freitag, 5. April

**Sprache-zu-Text-Blog Anja Johannsen:**
Bevor es Hans-Peter tut, habe ich das Thema „E-Mail-Menge" bei Heuberger lieber selbst angesprochen. Der sieht das E-Mail-Volumen durchaus als Problem, das allerdings erkannt und bereits so gut wie gelöst sei. Seit zwei Wochen gilt bei Mahler die 3S-Regelung. 3S steht für „three sentences". E-Mail-Texte sollen maximal drei Sätze umfassen. Bei internen E-Mails soll zudem auf unnötige Schnörkel wie Anrede und Gruß-formel verzichtet werden. Laut Heuberger werden die Mahler-E-Mails ab dann nicht mehr 1:1 mit anderen E-Mails vergleichbar sein. Fünf 3S-E-Mails werden viel schneller zu schreiben und zu lesen sein als eine

einzige bisherige E-Mail. Entscheidend sei schließlich nicht die Zahl der E-Mails, sondern die Gesamtzeit, die für die E-Mail-Bearbeitung aufgewendet werden muss. Da hat er vollkommen Recht! Insgesamt sieht Heuberger E-Mail auf dem absteigenden Ast. Mahler will ein neues Kommunikationswerkzeug namens BeCONNECT einführen, das E-Mail innerhalb kurzer Zeit vollkommen obsolet machen soll. Für mich hört sich BeCONNECT ein wenig wie unser intranetbasiertes Soziales Netzwerk an, das leider nicht besonders akzeptiert ist. Heuberger lässt den Vergleich aber nicht gelten. BeCONNECT soll sich mit dem Sozialen Konzernnetzwerk in etwa ebenso gut vergleichen lassen wie ein Ochsenkarren mit einem Formel-1-Auto. Er hat mich richtig neugierig gemacht.

## Montag, 8. April

**Tagebuch Hans-Peter Neurath:**

Manchmal könnte man an göttliche Fügung glauben. Oder zumindest an Schicksal. Saß auf dem Atlanta-Flug neben Stephan Breitschwert, einem Mann, der von Vorträgen über die „Digitale Herausforderung" lebt. Natürlich hat er gleich zu verkaufen versucht. Dabei plauderte er aus dem Nähkästchen. Hoch interessant. Endlich konnte mir jemand erklären, warum ich mit meinem Tablet-Computer – trotz bester Absicht – ständig Gefahr laufe, ineffektiv zu arbeiten. Gemäß Breitschwert sorgt dafür „Urzeit-Software", die die Evolution in unserem Gehirn fest verdrahtet hat. Und zwar ganz, ganz weit unten – dort, wo unser Bewusstsein keinen Einfluss hat. Diese Urzeit-Programme belohnen unser Gehirn mit dem Glückshormon Dopamin, wenn wir uns so verhalten, wie es sich im Laufe der Evolution als sinnvoll erwiesen hat: Wenn wir neue Information zur Kenntnis nehmen, uns in soziale Verbände integrieren, Handlungen vornehmen etc. etc. ... Womit wir zu den modernen Kommunikationsmitteln kommen: Jede E-Mail signalisiert den Urzeit-Programmen „Neue Information!" und „Zugehörigkeit zu einer Gruppe!" wofür es schon einmal zwei Portionen Dopamin gibt. Klickt man noch auf „Antworten", glaubt das

Urzeitprogramm zudem, man hätte tatsächlich etwas geleistet und gibt eine dritte Portion Dopamin aus. Und weil das Gehirn auf Maximierung der Dopaminausschüttung programmiert ist, sucht es gleich die nächste E-Mail, die nächste Website, den nächsten Chat.

Laut Breitschwert sind elektronische Kommunikationssysteme für das Gehirn wie ein All-you-can-eat-Buffett. Für das Gehirn ist es viel einfacher, sich mit elektronischer Kommunikation Dopamin abzuholen, als mit beschwerlicher Arbeit. Es macht für das Gehirn nämlich keinen Unterschied, ob man etwas Sinnvolles oder Unsinniges tut. Hauptsache, es gibt Dopamin. Wobei unser Gehirn mit „All-you-can-eat" ein eklatantes Problem hat: Die Evolution hat ihm keinen Maximalwert für Dopamin eingebaut. Keinen Notausschalter. Das war in der Menschheitsgeschichte bislang auch gar nicht notwendig, weil ein Mensch im Laufe eines Tages verhältnismäßig wenig neue Informationen erhielt, nur eine überschaubare Anzahl von sozialen Kontakten pflegte und nur eine begrenzte Zahl von Handlungen vornahm. In unserer digitalisierten Welt sieht das ganz anders aus. Da gibt es eine praktisch unbegrenzt große Menge neuer Informationen, eine riesige Zahl potentieller Kommunikationspartner und die Möglichkeit unzähliger Kleinst-Antworten – und damit potentiell eine unbegrenzt große Menge an Dopamin. Was nicht schlimm wäre, wenn unser Gehirn mit diesem Dopaminüberschuss umgehen könnte. Tut es aber nicht. Laut Breitschwert finden bei Dopamin-Überschuss viele Veränderungen im Gehirn statt, deren Auswirkungen von Antriebslosigkeit über Burnout bis zu Depressionen reichen können. Wobei Dopamin anscheinend nur einer der Stoffe ist, die durch elektronische Kommunikation in unserem Gehirn im Übermaß produziert werden. Andere, wie Cortisol und Adrenalin, sollen im Übermaß ebensowenig gut für die betroffenen Menschen sein. Für die Unternehmen, die ja auf leistungsfähige Mitarbeiter angewiesen sind, gilt das auch. Der Wunsch meines Gehirns nach mehr Dopamin hält mich also länger am Tablet-Computer fest, als ich eigentlich will! Habe mir Breitschwerts Visitenkarte geben lassen.

# Donnerstag, 11. April

**Tagebuch Hans-Peter Neurath:**

Mexiko-Stadt. Letzter Tag vor dem Rückflug. Habe eine Terminlücke genützt, um im Mexiko-Büro von Mahler vorbeizuschauen. Hatte gehofft, den jungen Vertriebsleiter zu treffen, den ich bei Heubergers Videokonferenz gesehen habe. Doch der ist inzwischen bei der Konkurrenz und macht mit seinem Insider-Wissen seinen ehemaligen Mitarbeitern das Leben schwer. Ihnen zufolge ist er nie ein richtiger „Mahler-Mann" geworden. Als die Konkurrenz mehr Geld bot, ist er gegangen. Gehe ich zu weit, wenn ich seine fehlende emotionale Bindung an das Unternehmen der Videokonferenzlösung anlaste? Ohne die Videokonferenz-Software wäre er als neuer Manager mindestens einmal nach Ulm gereist und hätte dort mit seinen Kollegen gesoffen. Angesichts des langen Flugs hätte er sicherlich noch einen oder zwei Tage drangehängt. Er hätte sich die Fertigung angeschaut, die Konstruktion besucht und mit Leuten in der Hauptverwaltung gesprochen. Mit anderen Worten: Er hätte seelenlose Namen mit lebenden Personen und richtigen Orten verbunden. Auch sein verwaistes Team wirkte nicht besonders glücklich. Die drei Verkäufer meinten, sie würden gerne wieder einmal Ulm sehen. Heuberger unterschätzt die Wirkung persönlicher Treffen auf die emotionale Bindung. Jeder der drei Verkäufer hat ein Mitbringsel aus Ulm auf dem Schreibtisch stehen. Ein kleines Ulmer Münster, den Ulmer Spatz und ein Modell der Ulmer Schachtel. An der Wand hängen Fotos, die die Verkäufer in der Ulmer Endmontage, mit Ulmer Kollegen und im Büro des Vertriebschefs zeigen. Die drei leben wirklich für das Unternehmen.

Ich kann leider keine Punkte für die geringere Mitarbeiterbindung durch Videokonferenzen reklamieren. Zum einen, weil es ein Negativeffekt ist und zum anderen, weil Anja den kausalen Zusammenhang mit Sicherheit nicht akzeptiert. Heuberger sollte sich trotzdem Gedanken darüber machen, wie neue Mitarbeiter in einer Welt von Video-Conferencing und Reiseverbot Stallgeruch bekommen können. Das Problem betrifft ja nicht nur Mitarbeiter in Niederlassungen. Laut Heuberger verlassen selbst in der Hauptverwaltung viele Leute für Meetings ihre Schreibtische nicht mehr.

## Freitag, 12. April

### Tagebuch Hans-Peter Neurath:

Hatte heute Nacht eine Idee, wie wir die Auswirkung von Video-Konferenzen auf die Mitarbeiterbindung doch feststellen können. Habe Helmwein angewiesen, die nötigen Informationen zu beschaffen. Habe ihn auch gebeten, eine technische Adaption an meinem Tablet-Computer zu veranlassen. Ich möchte einstellen können, wie lange ich am Tag maximal damit arbeiten will. Das System soll mich nach Ablauf der halben Zeit sowie eine Viertelstunde vor dem Ende daran erinnern. Vielleicht schaffe ich es ja, mit neuer Technik die negativen Nebenwirkungen der Technik zu bekämpfen. Nach dem Motto „Feuer mit Feuer bekämpfen". Helmwein meinte, man könne das Tablet auch so programmieren, dass es zum gewünschten Zeitpunkt automatisch abgeschaltet und bis zum nächsten Tag gesperrt wird. Entmündigen lassen will ich mich aber noch nicht! Entweder mein Bewusstsein kann die Dopamin-Sucht seiner Grundhardware in den Griff bekommen oder ich muss das Gehirn ganz auf Entzug setzen.

### Sprache-zu-Text-Blog Anja Johannsen:

Ich habe mir heute das neue Mahler-interne Soziale Netzwerk BeCONNECT angeschaut und mit den ersten Anwendern über diese alternative Kommunikationsplattform gesprochen. Es gab ausschließlich positives Feedback. Ein junger Fertigungsplaner meinte, es wäre hoch an der Zeit, E-Mail endlich auszumustern. Für seine Generation sei E-Mail schon lange mega-out, er selbst hätte schon lange keine private E-Mail-Adresse mehr. Die Chat-Komponente von BeCONNECT wäre dagegen cool. Auch die sozialen Tools von BeCONNECT könnten mit Facebook mithalten. Ich habe ihn gefragt, ob er bislang das konzernweite Soziale Netzwerk genutzt hat, doch er hat abgewinkt. Viel zu antiquiert, hat er gemeint. Und auf dem Smartphone eine Katastrophe. Heuberger scheint mit seiner Einschätzung, dass es moderne Tools benötige, um E-Mail den Garaus zu machen, recht zu haben. Mich persönlich spricht BeCONNECT auch sehr an. Sieht wirklich chic aus. Die Implementierung des Mahler-BeCONNECT-Systems lässt Heuberger vom Beratungshaus BERTAS machen, das E-Mail schon vor Jahren aus dem eigenen Unternehmen hinausgeworfen hat. Vom Mahler-BeCONNECT erwartet sich Heuberger eine verbesserte interne Kommunikation, vor allem in Projekten, aber auch eine bessere Einbindung von Externen in die Mahler-Prozesse. Außerdem erwartet er eine deutliche Reduzierung der E-Mails. Das Ganze gibt es auch auf dem Handy. Über die App gibt es auch Real-Time-Feedback-Schlaufen. So können wir beispielsweise in Meetings, in denen Besetzungs- und Karriereentscheidungen getroffen werden, ein aktuelles Feedback von Projektmitarbeitern zum Projektleiter-Verhalten einholen und sofort die Ergebnisse auswerten und teilen. Hans-Peter wird wohl an weiteren zehn Punkten nicht vorbeikommen.

## Montag, 15. April

**Tagebuch Hans-Peter Neurath:**
Als gäbe es nichts Wichtigeres! Timo Bannert hat mir heute von Heubergers neuem IT-System mit dem Namen „Mahler Be-CONNECT" vorgeschwärmt. „Facebook für Unternehmen" nennt er das. Er ist völlig aus dem Häuschen. Helmreich auch. Er hat sich gleich einen Account dort anlegen lassen. Anja wollte sich zehn Punkte dafür gutschreiben. Dabei bedeutet ein neues IT-System nicht automatisch, dass sich dadurch etwas im Unternehmen verbessert. Ich habe Anja beschieden, dass wir erst einmal abwarten, wie sich das Ganze auswirkt. Außerdem möchte ich zunächst Kuhns Meinung hören. Es soll mir nicht das Gleiche passieren wie damals beim „Wissen aus der Crowd". Anja war sichtbar verärgert.

# Donnerstag, 18. April

**Tagebuch Hans-Peter Neurath:**

Bezüglich der Auswirkung der Videokonferenztechnik auf die Mitarbeiterbindung hatte ich das richtige Näschen. Das belegen die von Helmwein beschafften Daten. Helmwein hat ermittelt, wie viele neu angestellte Mitarbeiter bei Mahler innerhalb der ersten neun Monate von sich aus gekündigt haben. Im langjährigen Durchschnitt lag die Rate bei ca. 5 Prozent. Nachdem Mahler die Videokonferenzsoftware eingeführt und die Geschäftsreisen eingeschränkt hatte, stieg der Wert in den vergangenen 20 Monaten auf über das Doppelte! Bei ProfiPack pendelt der Vergleichswert dagegen weiterhin um die 5 Prozent. Bin gespannt, wie Anja auf die Fakten reagiert.

# Dienstag, 23. April

**Sprache-zu-Text-Blog Anja Johannsen:**

Hans-Peter kam heute mit einer weiteren abenteuerlichen Theorie. Videokonferenzen sollen bei neuen Mitarbeitern eine schnelle emotionale Bindung an das Unternehmen verhindern. Als Beleg hat er einige vollkommen nichtssagende Zahlen genannt. Sie sind nicht aussagekräftig, weil wir zum einen bei Mahler über eine überschaubare Anzahl von Neueinstellungen innerhalb der letzten 20 Monate sprechen. Schon ein einziger Abgang beeinflusst den Wert deutlich. Zum anderen bin ich mir sicher, dass wir in der Vergangenheit auch bei ProfiPack 20-Monats-Zeiträume finden könnten, in der die Kündigungsrate über 10 Prozent lag. Ausreißer sind einfach normal. Auch bei Mahler wird sich die Rate in den kommenden Monaten wieder um die 5 Prozent einpendeln. Ich habe Hans-Peter außerdem deutlich zu verstehen gegeben, dass man so eine Schwankung niemals monokausal auf eine Ursache zurückführen kann. Hat er wirklich so ein einfaches Weltbild? Meine Reaktion hat wohl genügt, jede Forderung von Punkten für ProfiPack zu unterbinden. Hans-Peter hätte sich diesmal auch die Zähne ausgebissen. Er soll stattdessen endlich die

Punkte für das Soziale Netzwerk BeCONNECT herausrücken. Ein Blick in die Presse genügt, um zu sehen, dass solche Werkzeuge die nächste Produktivitätsoffensive einleiten. Aber alles, was nicht zu seinen Vorstellungen passt, registriert der Herr ja nicht.

**Tagebuch Hans-Peter Neurath:**
Anja war heute bockig wie ein kleines Kind. Sie weigert sich einfach, Offensichtliches zu sehen. Das hätte ich nicht erwartet. Vielleicht sieht sie aber auch schon ihre Felle davon schwimmen und ist frustriert.

## Montag, 29. April

**Tagebuch Hans-Peter Neurath:**
Wer hätte das gedacht: Das Sponsoring der Business-City-Läufe erweist sich an einer überraschenden Stelle als hervorragende Investition! ProfiPack hat heute zwölf Patente angemeldet, die laut Kuhn ohne das gemütliche Beisammensein nach den Lauftrainings nie entstanden wären. Es hätte dafür des Zusammentreffens von Mitarbeitern bedurft, die im normalen Geschäftsbetrieb nie aufeinandergestoßen wären. Kuhn sieht in den Patenten den Schlüssel zu einer bislang unbekannten Flexibilität von Verpackungsmaschinen. Schön, wenn er Recht behielte. Außer Zweifel steht jedenfalls, dass die Patente bei Mahler in dieser Form nicht entstanden wären. Die Mahler-Läufer haben sich beim Training ja nie gesehen. Ich werde zehn Punkte reklamieren. Und einen dicken Eintrag in die Liste der Innovationen vornehmen.

## Dienstag, 30. April

**Sprache-zu-Text-Blog Anja Johannsen:**
Langsam habe ich von dieser bescheuerten Wette die Nase gestrichen voll. Hans-Peters Forderungen werden immer abstruser. Nun behauptet

er schon, gemeinsames Saufen nach dem Sport würde zu mehr Innovationen führen als der Einsatz von elektronischen Systemen. Als könnte man von einem glücklichen Einzelfall aufs Grundsätzliche schließen. Zumal die Mahler-Lauf-App eine vollkommen andere Zielsetzung hatte. Wenn man schon vergleichen wollte, dann müsste man das mit dem neuen sozialen Mahler-Netzwerk BeCONNECT tun. DAS bringt die Leute zusammen! DAS sorgt dafür, dass Know-how im Unternehmen transparent wird. Laut Timo Bannert ist das - nach drei gescheiterten Versuchen, im Astrall-Konzern Wissensmanagement zu etablieren - der erste Fall, bei dem Mitarbeiter vollkommen freiwillig ihre Fähigkeiten in ihr Profil eintragen. DAS nenne ich einen Erfolg. Da werden Strukturen geschaffen, aus denen künftig systematisch viel mehr Innovationen entstehen werden, als es bei einem zufälligen Aufeinandertreffen je möglich wäre. Ich habe für das Wissensmanagement von Hans-Peter acht Punkte gefordert. Aber er hat abgewiegelt, will sich erst mit den Fakten vertraut machen.

**Tagebuch Hans-Peter Neurath:**

Bei Anja liegen die Nerven blank. Auf alle meine Forderungen reagiert sie negativ und reitet ständig auf dem Sozialen Netzwerk BeCONNECT herum. Fürchtet sie so stark, die Wette zu verlieren? Oder steckt mehr dahinter? Hat sie persönliche Probleme? Läuft bei Astrall etwas schief, wovon ich nichts weiß? Um Anja zu besänftigen, habe ich ihr versprochen, mir dieses BeCONNECT anzuschauen. Sie hat Frau Hofer daraufhin gleich Presseberichte gemailt. BERTAS hat vor zwei Jahren hausintern E-Mail vollständig durch BeCONNECT ersetzt, was offensichtlich viel öffentlichen Wirbel verursacht hat. Der BERTAS-Geschäftsführer wird in Interviews damit zitiert, dass er mit E-Mail den größten Produktivitätsvernichter eliminiert habe. Kann es wirklich so einfach sein? Kann die ineffiziente E-Mailerei wirklich so mühelos durch ein anderes digitales Arbeitsmittel verhindert werden? Das wäre ja fast zu schön, um wahr zu sein!

# Freitag, 3. Mai

**Tagebuch Hans-Peter Neurath:**

Mit Kuhn und Helmwein über BeCONNECT gesprochen. ProfiPack hat sich im Rahmen des *Do-it!*-Projekts intensiv mit unternehmensinternen sozialen Netzwerken beschäftigt und daraufhin bewusst von einer Einführung Abstand genommen. Laut Kuhn sind die Tools perfekt für kleine Projektgruppen mit einem homogenen Informationsbedarf. Als Grundlage für die allgemeine Kommunikation in einem Unternehmen taugen sie seiner Meinung nach nicht. Sie würden zu viele Kommunikationstransaktionen und zu hohe Streuverluste erzeugen. Im Endeffekt würde noch mehr Zeit für Kommunikation aufgewendet als bislang. Auch das integrierte Chat-System findet Kuhn eher schädlich. Die Verfügbarkeitsanzeige und der „Gesprächscharakter" von Chats würden auf die Mitarbeiter den Druck erhöhen, sofort auf eine eingehende Nachricht zu reagieren. Helmwein hat Kuhn daraufhin damit konfrontiert, dass BeCONNECT bei BERTAS sehr wohl als bessere Alternative zu E-Mail funktioniere. Kuhns Reaktion macht das Ganze wieder zu einer tollen Anekdote: Kuhn ließ einen neu eingestellten IT-Mitarbeiter kommen. Der war bis vor kurzem bei BERTAS beschäftigt und berichtete, der „Rauswurf von E-Mail" sei in erster Linie ein Marketing-Gag zur Promotion des hauseigenen Softwareprodukts BeCONNECT gewesen. Man hätte zwar wirklich versucht, E-Mail zu ersetzen, aber das sei vollkommen misslungen. Inzwischen werde bei BERTAS mehr gemailt als je zuvor.

Für Helmwein brach eine Welt zusammen. Er hat darauf bestanden, ein Soziales Netzwerk sei mehr als Chat. Auf dem Laptop hat er uns sein Profil im Mahler-BeCONNECT-System gezeigt und demonstriert wie einfach es ist, Bilder und Daten bereitzustellen, Kontakte zu knüpfen, Beiträge und Kollegen zu bewerten, Kommentare zu erstellen etc. etc. Obwohl Helmwein nur ein Gast im Mahler-System ist, hat er sein Profil vollständig gefüllt. Kuhn hat sich Helmweins tolle Daten, Bilder, Kommunikationen, Kontakte und Likes angeschaut und dann nur gefragt, wie viel Zeit mein geehrter Assistent denn täglich in das Tool investieren würde. Damit war das Thema erledigt. Ich bin mir nicht sicher, ob die Botschaft bei Helmwein angekommen ist. Aber für mich ist klar, dass soziale Netzwerke Selbstbeschäftigungsmaschinen sein können. Eigentlich klar. Man muss nur einmal schauen, wie viel private Zeit die Leute bei Facebook und WhatsApp vergeigen. Jedenfalls viel mehr, als sie jemals für E-Mail aufgewandt haben. Bei diesen Formen der Kommunikation kann sich das Gehirn noch mehr Dopamin besorgen als bei der altmodischen E-Mail. Fragt sich nur, was ich mit der Information jetzt mache. Wenn ich das so an Anja weitergebe, flippt sie mir in ihrem jetzigen Zustand total aus. Außerdem haben wir vereinbart, nur auf die Stärken und nicht auf die Schwächen zu schauen. Es stellt sich immer mehr heraus, dass das nicht ganz richtig war.

## Dienstag, 7. Mai

**Tagebuch Hans-Peter Neurath:**
Habe diesen Projekt-Manager, der von Mahler zu ProfiPack gewechselt ist, zu einem Gespräch eingeladen. Wollte wissen, wie er die Kulturen der beiden Unternehmen erlebt. Udo Jäckel brauchte Zeit um aufzutauen, erzählte dann aber bereitwillig. Laut Jäckel ticken die Leute bei ProfiPack vollkommen anders als bei Mahler. Selbst heute, fast ein halbes Jahr nach dem Wechsel, würde ihn das manchmal noch vor Herausforderungen stellen. Er erzählte die Geschichte vom E-Mail-System-Ausfall, die ich schon kannte. Darüber hinaus fielen ihm ad hoc keine konkreten Beispiele ein. Es wären vielmehr unzählige Kleinigkeiten. So würden ihn bei ProfiPack regelmäßig Kollegen auffordern, sie von E-Mail-Verteilern zu nehmen. Das wäre ihm bei Mahler nie passiert. Dort hätten sich im Gegenteil mehrmals Kollegen beschwert, weil sie nicht auf einem Verteiler standen. Auch der Umgang mit Fehlern sei vollkommen

anders. Bei Mahler werde viel darüber diskutiert, wer alles den Fehler aufgrund der Informationslage hätte entdecken müssen. Bei ProfiPack würden die Leute mit den Schultern zucken, „Shit happens" sagen und dann darangehen, das Problem aus der Welt zu schaffen. Jäckel findet die Kultur bei ProfiPack „eigentlich" besser, gibt aber unumwunden zu, dass sie ihn fordert. Er könne in herausfordernden Situationen nicht einfach den Chef fragen. Der würde meistens sagen: „Das ist Ihre Entscheidung. Sie machen das schon." Daran müsse er sich erst einmal gewöhnen.

Auf meine Frage, ob er in der elektronischen Kommunikation Unterschiede sehe, verwies er wieder auf die Sache mit den Verteilern. Außerdem gibt es bei ProfiPack insgesamt weniger E-Mails. Das liegt seiner Einschätzung nach primär daran, dass er nicht fragen muss, sondern selbst entscheiden kann. Es sind insgesamt weniger Personen involviert und diese wechseln recht schnell von E-Mail zum persönlichen Gespräch, wenn es komplex wird. Bei den E-Mails, die er von ehemaligen Mahler-Kollegen erhält, fallen ihm auch inhaltliche und stilistische Unterschiede auf. Seit dort die 3S-Philosophie verfolgt wird, sind die E-Mails extrem kurz. Ihn persönlich stören der knappe Ton und die fehlende Ansprache sehr. Seine ehemaligen Kollegen hätten damit aber offenbar kein Problem. Jäckel hat allerdings schon gehört, dass bei Mahler jetzt manchmal zehn Kurz-E-Mails nötig sind, bis der Empfänger alle notwendigen Informationen hat. Auf Basis reiner 3S-Mails sind wohl auch schon einige gehörige Missverständnisse entstanden. Insgesamt waren Jäckels Geschichten Wasser auf meine Mühlen.

## Mittwoch, 8. Mai

### Sprache-zu-Text-Blog Anja Johannsen:

Darf ein Vorstandsvorsitzender so blauäuig sein? Hans-Peter hat sich von jenem Projekt-Manager, der von Mahler zu ProfiPack gewechselt ist, erzählen lassen, der Arbeitsstil bei ProfiPack sei effektiver als der bei

Mahler. Der Projektmanager kritisierte vor allem die 3S-Policy. Sie wäre fehleranfällig und würde bei Mahler Entscheidungen verzögern. Ich habe Hans-Peter gleich den Zahn gezogen, dafür Punkte fordern zu wollen. Ich meine: Was erwartet er denn? Dass ihm ein normaler Mitarbeiter etwas anderes erzählt als das, was er hören will? Die Leute haben einfach viel zu viel Respekt vor einem Vorstand. Wenn ich morgen in die Mahler-Verwaltung hineinmarschiere, erzählt mir jeder Mitarbeiter, wie toll die 3S-Politik ist - selbst diejenigen, die sie eigentlich nicht so gut finden. Einfach deshalb, weil meine Haltung dazu allgemein bekannt ist.

## Samstag, 11. Mai

### Sprache-zu-Text-Blog Anja Johannsen:

Hatte heute mit Tatjana einen wirklich netten Abend. Wir leerten zwei Flaschen guten Wein und quatschten so viel und angeregt wie zu Studentinnenzeiten. Als ich ihr von Mahlers 3S-Philosophie erzählte, drohte die Stimmung allerdings kurz zu kippen. Die Soziologin in ihr war total entsetzt, dass Mahler in E-Mails alles Persönliche weglässt. Sie meinte, wenn man Menschen wie seelenlose Zahnrädchen behandelt, dann verhalten sie sich über kurz oder lang auch so. Ich habe das nicht verstanden. Schließlich gilt die 3S-Policy nicht für Kunden, sondern nur für den internen Mailverkehr. Tanja meinte: „Um so schlimmer!" Ihre Frage „Möchtest du, dass deine Freunde dich schlechter behandeln als andere Menschen? Nur weil du ihre Freundin bist?", hat mich dann doch durcheinander gebracht. Das möchte ich natürlich nicht. Von meinem Ex habe ich mich nicht zuletzt auch deshalb getrennt, weil er nicht mehr so zuvorkommend war wie am Anfang unserer Beziehung. Wäre er mit mir sogar unfreundlicher umgegangen als beispielsweise mit seinen Angestellten – keine Ahnung, auf welchen Mond ich ihn dann geschossen hätte. Ich habe das Thema gewechselt.

# Mittwoch, 22. Mai

**Tagebuch Hans-Peter Neurath:**

Heute präsentierte mir das ProfiPack-Entwicklungsteam jene Maschine, die auf der Verpackungsmaschinenmesse gezeigt wird.

Sie enthält die Innovationen, die beim Lauftraining entstanden sind. Die Maschine sortiert in einer ungeheuren Geschwindigkeit chaotisch angelieferte Pralinensorten in ebenfalls chaotisch bereitgestellte Schachteltypen. Wirklich beeindruckend. Ich ließ mich anschließend noch durch die Fertigung führen. Obwohl mein Besuch nicht angekündigt war, war alles picobello. Ein ProfiPack-Mitarbeiter meinte, Kuhn würde großen Wert auf Qualität legen, ich solle einmal seine Reaktion auf eine

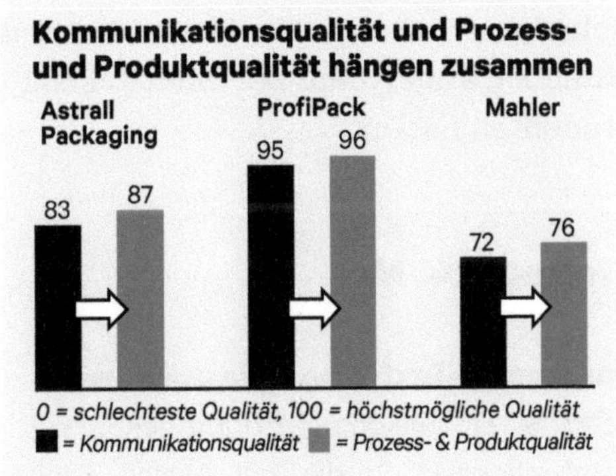


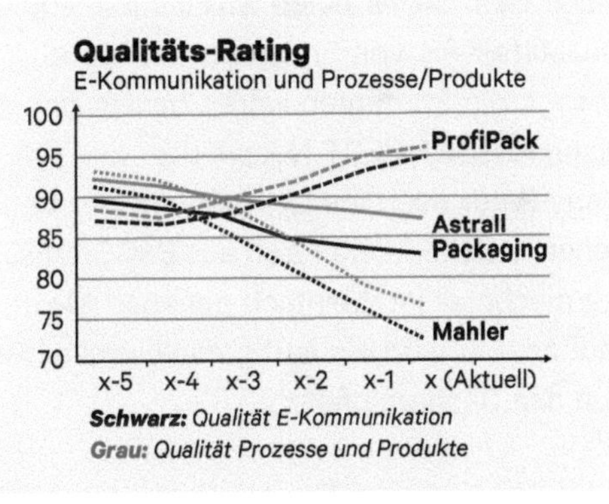


E-Mail mit Rechtschreibfehlern erleben. Obwohl der Mann das als Witz verpackt hat, war es ihm offenbar ernst. Ich habe Kuhn nachher darauf angesprochen. Er gab zu, bei fehlerhaft geschriebenen E-Mails persönlich zu intervenieren. Der Umgang mit Informationen und Menschen sei seiner Meinung nach DER zentrale Vorgang in der Verwaltung. Würde er dort Schlampereien zulassen, würde das über kurz oder lang auf alles andere abfärben und irgendwann auch einmal in einem schlampig gefertigten Produkt enden.

Im Prinzip hat er mir aus der Seele gesprochen. Ich glaube ja auch, dass diese Pingeligkeit, dieser absolute Qualitätsanspruch, die deutsche Industrie so erfolgreich gemacht hat, wie sie heute ist. Nur: Ist das unsere persönliche Überzeugung oder kann man diesen Zusammenhang zwischen der Qualität von E-Mails und der Prozess- und Produktqualität wirklich feststellen? Auf der Heimfahrt habe ich Professor Steinmännle von der Universität München angerufen. Der wollte schon lange ein Projekt für seine Studenten haben.

## Freitag, 24. Mai

### Sprache-zu-Text-Blog Anja Johannsen:

Jetzt ist er vollkommen durchgeknallt! Die Uni München soll in einer vergleichenden Studie bei Astrall Packaging, Mahler und ProfiPack feststellen, ob es einen Zusammenhang zwischen E-Mail-Qualität und Qualitäts-KPIs von Prozessen und Produkten gibt. Ich habe Hans-Peter gesagt, die Studenten wären besser damit beschäftigt, die Vorteile des Mahler-BeCONNECT-Netzwerks zu dokumentieren. Schließlich hält Hans-Peter mich immer noch mit der Begründung hin, man müsse erst sehen, welche Effekte sich aus BeCONNECT bei Mahler wirklich ergeben. Ich mache es jetzt einfach genauso wie er: Ich setze einen Professor darauf an. Der wird eindeutig nachweisen, was ohnehin schon alle Spatzen von den Dächern pfeifen.

## Donnerstag, 13. Juni

### Tagebuch Hans-Peter Neurath:

Mein Tablet-Computer erinnert mich jetzt immer an die noch zur Verfügung stehende Zeit. Einerseits hilft mir das wirklich, meistens meine Zeitplanung einzuhalten. Andererseits fühle ich mich viel mehr unter Druck gesetzt als früher. Stresse ich mich damit unnötig selbst? Was wäre die Alternative?

## Mittwoch, 17. Juli

**Tagebuch Hans-Peter Neurath:**

Steinmännles Studenten haben tolle Arbeit geleistet. Sie haben Qualitäts-KPIs für elektronische Kommunikationstransaktionen entwickelt und diese bei Astrall Packaging, ProfiPack und Mahler auf alle elektronischen Kommunikationstransaktionen (E-Mail, Chat und Postings) angewendet. Die Ergebnisse haben sie mit der Prozess- und Produktqualität verglichen. Resultat: Beide Werte korrelieren eindeutig. Das kann man schon mit bloßem Auge sehen. Damit haben sich die jungen Leute aber nicht zufrieden gegeben. Sie sind in die E-Mail-Archive eingestiegen und haben die KPIs auch für die Vergangenheit errechnet. Das Ergebnis ist wirklich sensationell. Bis vor drei Jahren haben sich die KPIs bei Astrall Packaging, ProfiPack und Mahler praktisch gleich entwickelt. Seit Start der Wette sind die Werte aber vollkommen auseinandergelaufen. Man sieht ganz klar, dass sich bei Mahler die Kommunikationsqualität kontinuierlich verschlechtert hat. Etwas zeitversetzt ging auch die Qualität bei Produkten und Prozessen den Bach runter. Anders bei ProfiPack. Dort ist die Kommunikationsqualität in den vergangenen drei Jahren kontinuierlich gestiegen und in Folge auch die Qualität von Produkten und Prozessen. Ich finde dieses Ergebnis unglaublich! Auch Professor Steinmännle ist begeistert. Er würde das gerne publizieren.

## Donnerstag, 18. Juli

**Sprache-zu-Text-Blog Anja Johannsen:**

Nachdem in Sachen Wette einige Zeit Funkstille herrschte, hat Hans-Peter das Thema heute wieder zur Sprache gebracht. Mit einem „Knaller", wie er es nannte. Er zeigte mir die Resultate der studentischen Untersuchung. Wirklich interessant. Bei seiner nachfolgenden Behauptung habe ich dann aber die Beherrschung verloren: Seiner Auffassung nach beweisen die Zahlen eindeutig, dass sich in einem Unternehmen mit

schlampiger Kommunikation automatisch auch die Produkt- und Prozess-
qualität verschlechtere! Das geben die Zahlen überhaupt nicht her. Sie
zeigen lediglich eindrucksvoll, welchen Einfluss ein neuer Chef auf ein
Unternehmen haben kann. Die Qualitäts-KPIs von Mahler und ProfiPack
haben sich seit der Neubesetzung der Geschäftsführerpositionen aus-
einanderentwickelt – und zwar genau so, wie man es erwarten konnte.
„Mister 100 Prozent" Kuhn hat die Qualität ständig gesteigert, während
„Mister Pareto" Heuberger sie heruntergefahren hat.

Als Ingenieur mag Hans-Peter ja an Kuhns perfekten Lösungen Gefallen
finden, ich als Kauffrau stehe da eher auf Heubergers Seite und bevorzuge
Lösungen, die dem 80:20-Prinzip folgen. Die sind wesentlich wirtschaftlicher. Auch der konstruierte kausale Zusammenhang zwischen Kommunikationsqualität und übriger Qualität ist lächerlich. Wenn in einem Unternehmen ein bestimmtes Qualitätsniveau herrscht, dann betrifft das im
Endeffekt eben alle Bereiche – also sowohl die Kommunikation als auch
die Prozesse und Produkte. Daraus einen Ursache-Wirkungs-Zusam-
menhang zu konstruieren, ist hanebüchen. Der zeitliche Versatz erklärt
sich einfach daraus, dass sich Kommunikation schneller ändern lässt. Bei
E-Mails kann ich aus Effizienzgründen von heute auf morgen Anrede und
Grußformel weglassen, bei Produkten und Prozessen dauern Änderungen länger. Ich muss Hans-Peter anrechnen, dass er nicht versucht hat,
mich zu überreden. Er hat das Thema gewechselt und mindestens noch
eine Viertelstunde geplaudert. Wie macht der das nur? Wenn man bei ihm
ist, hat man das Gefühl, er hätte alle Zeit der Welt.

**Tagebuch Hans-Peter Neurath:**
Da kann man einmal sehen, wie schnell man sich in eine Idee
verrennt! Anja hat mich heute vollkommen zu Recht darauf hin-
gewiesen, dass die Studie keinen Ursache-Wirkung-Zusammen-
hang belegt. Weshalb ist mir das nicht selbst aufgefallen? Habe
Steinmännle gebeten, sich Gedanken zu machen, wie so ein kau-
saler Zusammenhang nachgewiesen werden könnte. Vorher soll
nichts publiziert werden.

## Samstag, 27. Juli

**Tagebuch Hans-Peter Neurath:**
Damit wir auch während seines Auslandssemesters in Kontakt
bleiben können, hat Robin heute auf meinem Handy eigenmächtig
WhatsApp installiert. Dabei gehört WhatsApp bei Astrall zu den
für das Firmenhandy gesperrten Anwendungen. Mit gutem Grund,
wie ich festgestellt habe. Offenbar wurden alle meine Kontakte
aus dem Smartphone ausgelesen und nach Amerika geschickt.
Wie sonst könnte das WhatsApp-Adressverzeichnis prall gefüllt
sein, bevor ich irgendetwas damit gemacht habe? Damit sind jetzt
die beruflichen und privaten Telefonnummern vieler Vorstände,
Minister und auch der Bundeskanzlerin beim Facebook-Konzern
und keiner weiß, was die damit machen. Scheibenkleister! Das
wird am Montag ein Gang nach Canossa werden. Nachdem der
Schaden schon angerichtet war, habe ich einmal nachgeschaut,
wer denn alles einen WhatsApp-Account hat. Ich musste feststellen: sehr viele – auch viele Astrall-Mitarbeiter unter ihrer Firmen-
handynummer. Dazu gehören Anja, Helmwein und Heuberger. Die
gute Nachricht: Die Bundeskanzlerin ist weder mit ihrer privaten
noch mit ihrer offiziellen Nummer bei WhatsApp.

## Montag, 29. Juli

**Tagebuch Hans-Peter Neurath:**
Habe heute Timo Bannert den Fauxpas mit WhatsApp gestanden und ihm mein Handy gegeben, damit das wieder in Ordnung
gebracht wird. Habe ihn aufgefordert dafür zu sorgen, dass das
WhatsApp-Verbot im Konzern eingehalten wird. Das muss man
doch technisch unterbinden können. Oder?

# Dienstag, 30. Juli

### Sprache-zu-Text-Blog Anja Johannsen:

Ich soll WhatsApp von meinem Smartphone nehmen! Wie stellt sich Timo Bannert denn das vor? Der größte Teil meiner privaten Kommunikation läuft darüber. Soll ich etwa ständig mit zwei Handys herumlaufen?

# Mittwoch, 31. Juli

### Tagebuch Hans-Peter Neurath:

Mein lieber Schwan! Da habe ich aber in ein Wespennest gestochen! Die WhatsApp-Sache schlägt konzernweit Wellen. Dabei geht es überraschenderweise nicht nur um die private Nutzung. Viele Mitarbeiter meinen, sie würden ohne WhatsApp ihren Job nicht mehr richtig machen können. Ihre geschäftlichen Kommunikationspartner würden WhatsApp als Kommunikationskanal voraussetzen. Für mich sind das keine Argumente. Ich lasse nicht zu, dass uns die Oberhoheit über unsere Kommunikationskanäle aus der Hand genommen wird. Ich will wissen, wo unsere Daten liegen, wie sie gesichert sind und was mit ihnen getan wird!

# Donnerstag, 1. August

### Sprache-zu-Text-Blog Anja Johannsen:

Wir hatten im Vorstand eine kurze Aussprache zum Thema Whats-App. Ich bin energisch dafür eingetreten, nicht alles zu reglementieren. Schließlich hat man auch früher schon inoffizielle Kanäle zur Geschäftskommunikation genützt, sich beispielsweise am Rande von gesellschaftlichen Events mit Geschäftspartnern über das Geschäft unterhalten und dabei sogar geschäftliche Vereinbarungen getroffen. Hans-Peter meinte, man könne das nicht vergleichen. Aufgrund von Gesetzen und Corporate Governance müssten wir den gesamten geschäftsbezogenen Schriftverkehr aufbewahren. Sofern ich das ignorieren wollte, könnte ich das gerne tun, wenn ich einmal Vorstandsvorsitzende wäre. Aber noch wäre er dem Gesetz gegenüber in der Pflicht. Unser Syndikus bestätigte mir nachher Hans-Peters Position. Warum sind Gesetze so unflexibel? Das ist doch in einer vollkommen vernetzten Welt nicht mehr zeitgemäß. Aber es hilft nichts. Sofern sich die Rechtslage nicht ändert, werde ich als Vorstands-vorsitzende wohl das Gleiche tun müssen wie Hans-Peter und zumindest formal die schriftlichen Kommunikationsmittel außerhalb unserer Kon-trolle verbieten. Mich wundert, dass Hans-Peter keine Punkte für Profi-Pack gefordert hat, weil so etwas mit herkömmlichen Kommunikations-mitteln nicht passieren kann.

## Dienstag, 6. August

### Sprache-zu-Text-Blog Anja Johannsen:
Heute war Professor Wollschläger mit seinen Studenten bei mir. Die haben zwei Monate lang Mahler-Mitarbeiter bei der Nutzung von BeCONNECT beobachtet. Es war so wunderbar, die jungen Menschen zu erleben. So voller Elan und Begeisterung. Alle waren völlig verzückt von den Kommu-nikationssystemen bei Mahler. Professor Wollschläger meinte, Mahler sei mit Abstand das fortschrittlichste Unternehmen, das er in Deutschland kenne. Er hat Heuberger gleich für einen Gastvortrag gewonnen. Und das neue Arbeitsplatzkonzept würde das Ganze ideal ergänzen. Davon hat Heuberger übrigens noch gar nichts erzählt. Die Gruppe brachte viele Informationen mit, aber leider nichts, was ich direkt als handfesten Vorteil in Punkte umwandeln kann. Laut Wollschläger darf man das auch nicht erwarten. Die Nutzeffekte würden erst allmählich durch die gesteiger-te Vernetzung entstehen. So lange wollte ich aber eigentlich nicht war-ten. Geblieben sind viele Statistiken. Einige BeCONNECT-Komponenten werden besser angenommen als andere. Der absolute Renner ist die Feedback-Funktion. Wobei die Funktion nicht nur zum Feedback zu ab-geschlossenen Projekten genutzt wird. Inzwischen holen sich Mitarbeiter bereits Meinungen über Personen ein, bevor sie ein Projekt überhaupt beginnen. Wollschläger war total begeistert. Die größte Zurückhaltung gibt es beim Teilen von Wissen. Da herrscht bei vielen Mitarbeitern noch

die Einstellung „Wissen ist Macht". Trotz aller Begeisterung der Studenten über „das tolle Werkzeug" und Heubergers positiven Berichten scheint BeCONNECT bei Mahler kein Selbstläufer zu sein. Nur 14 Prozent der Angestellten nutzen das System intensiv. Fast ein Viertel gar nicht. Gemäß Wollschläger wird man die richtigen Vorteile erst sehen, wenn mehr als 75 Prozent das System ständig anwenden. Bis dahin ist es noch ein langer Weg.

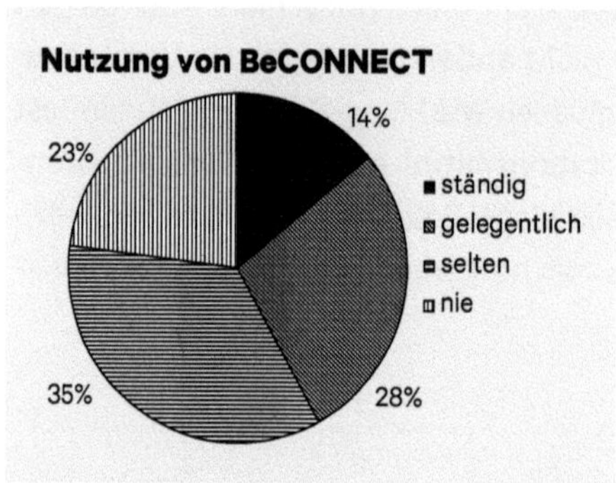


## Sonntag, 11. August

**Sprache-zu-Text-Blog Anja Johannsen:**

Mir gingen die Zahlen der Studentengruppe nicht aus dem Kopf. Am Nachmittag habe ich deshalb selbst ein paar Kennzahlen ausgerechnet. Beispielsweise die Anzahl der elektronischen Kommunikationstransaktionen pro umgesetztem Euro und pro Euro EBIT. Bei Mahler liegen die Werte deutlich über denen von ProfiPack – und entfernen sich immer weiter. Mahler braucht also pro umgesetztem und pro verdientem Euro viel mehr elektronische Kommunikationstransaktionen als ProfiPack. Ich gehe davon aus, dass es bei ProfiPack dafür mehr Gespräche, Telefonate und Meetings gibt. Doch so ineffizient können die nicht sein. Immerhin macht ProfiPack mehr Umsatz und EBIT pro Angestelltem. Noch deutlicher ist der Unterschied, wenn man die KPIs pro eingesetzter Arbeitsstunde berechnet. Bei ProfiPack gibt es im Verwaltungsbereich kaum Überstunden. Man könnte natürlich sagen, dass der zusätzliche Aufwand bei Mahler in eine bessere Qualität fließt. Aber aus Hans-Peters Analyse wissen wir, dass das Qualitätsniveau bei Mahler niedriger ist als bei ProfiPack. Welchen Nutzen bringen dann die vielen zusätzlichen Kommunikationstransaktionen? Allein mit der 3S-Policy kann man sie nicht erklären. Ich war einige Zeit total verunsichert, glaubte schon, Hans-Peter hätte mit seiner Einstellung Recht. Dann ist mir die Erklärung eingefallen. Indem die Mahler-Mitarbeiter mehr über Projekte, Kunden etc. kommunizieren, sind sie stärker eingebunden, engagierter und motivierter. Weil sie dabei nicht nur Informationen zu ihren Kernaufgaben erhalten, schauen sie über den Tellerrand. Sie sind breiter aufgestellt, wodurch wiederum die Organisation bei Änderungen flexibler ist. Im Endeffekt investieren wir also mit den vielen Kommunikationstransaktionen in die Power, das Engagement, die Flexibilität unserer Mitarbeiter und in die Flexibilität unserer Organisation. Ich bin froh, dass Hans-Peter die Zahlen nicht aufgefallen sind. Ich hätte sie nicht aus dem Stand heraus richtig interpretieren können. Jetzt bin ich jedenfalls wieder beruhigt.

## Dienstag, 13. August

**Tagebuch Hans-Peter Neurath:**

Heute war „Großkopferten-Tag" auf der Düsseldorfer Verpackungsmesse. Will heißen: Anja und ich haben mit den drei Geschäftsführern im Schlepptau die Stände unserer drei Verpackungsmaschinen-Töchter besucht. Am Morgen kutschierte Heuberger uns alle zum Flughafen München. In der Parkgarage zückte er sein Smartphone und fotografierte die Parkdeck-Beschriftung auf der Säule. Er meinte, so wäre es überhaupt kein Problem mehr, das Auto am Abend schnell wiederzufinden. Anja war von der Idee begeistert. Ich total entsetzt. Das muss man sich einmal überlegen: Wir vertrauen einem Menschen, der ohne Hilfsmittel nicht einmal mehr sein Auto findet, über 1.000 Mitarbeiter und 300 Millionen Euro Umsatzvolumen an! Eigentlich verantwortungslos! Fast noch erschreckender ist, dass die künftige Vorstandsvorsitzende das auch noch beklatscht.

Die Messe selbst war ein großer Erfolg. Top-Management kommt bei den Standbesatzungen immer gut an. Auf jedem Stand waren Interviews mit Journalisten vereinbart. Die beiden bei ProfiPack vorgesehenen Interviews mussten wir kurzfristig in die Hallen-

Cafeteria verlegen, weil der Messestand völlig überlaufen war und der für die Interviews reservierte Besprechungsraum kurzerhand für eine Besprechung mit einem potentiellen Großkunden belegt wurde. Es war das erste Mal, dass ich als Vorstandsvorsitzender bei einer Astrall-Veranstaltung vor die Tür gesetzt wurde. Eine neue Erfahrung! Kuhn hat mit den Schultern gezuckt und gemeint: „Das ist *Do-it!* in Reinkultur." Anja hat's nicht so gefallen, aber ich habe jetzt eine tolle neue Anekdote. Die beiden Interviews bei Profi-Pack liefen dann auch ganz anders ab als bei Astrall Packaging und Mahler. Die Journalisten wollten ausschließlich über die neue „sensationelle" Verpackungsmaschine sprechen. Da ging es um Sensorik, Mustererkennung, Künstliche Intelligenz etc. Praktisch hat nur Kuhn geredet. Anja und ich waren Statisten.

### Sprache-zu-Text-Blog Anja Johannsen:

Der sensationelle Messeerfolg der ProfiPack-Technologie hat Hans-Peter in Hochstimmung versetzt. Er sieht bei ProfiPack wohl Umsatz und EBIT bis Ende nächsten Jahres deutlich steigen und somit wieder eine Chance, die Wette doch noch zu gewinnen. Wobei das wirklich nicht korrekt wäre. Dieser Innovationsschub ist ein einmaliger Sondereffekt, der nichts mit dem Arbeits- und Kommunikationsstil zu tun hat und den man eigentlich herausrechnen muss. Auf der Rückfahrt lud Heuberger uns ein, ihn einmal in Ulm zu besuchen. Er möchte uns das neue Mahler-Arbeitsplatzkonzept zeigen. Hans-Peter meinte, wir hätten dazu vielleicht nächsten Montag auf der Heimfahrt von Stuttgart Zeit. Daraufhin erwähnte Kuhn, auch bei ProfiPack gäbe es gerade Umbauten, die wir uns ebenfalls gerne anschauen könnten. Kuhn ist eigentlich ein netter Mensch, aber ich mag nicht, wie er sich immer wieder an Themen von Heuberger dranhängt.

# Mittwoch, 14. August

### Tagebuch Hans-Peter Neurath:

Habe Ulrike von Heubergers Parkhausfoto erzählt. Die versteht meine Aufregung nicht. So ein Foto sei nichts anderes als eine

Methode, mit der man sein Gehirn davon befreit, sich bestimmte Dinge merken zu müssen. Ich selbst wäre schließlich ein Weltmeister darin. Bei mir wäre es halt Frau Hofer und bei Heuberger eben sein Handy. „Externe Gehirnerweiterung" hat Ulrike beides genannt. Als ich sagte, dass es da schon Grenzen gäbe, hat Ulrike gefragt, wer denn rechtzeitig an unseren Hochzeitstag denkt, Frau Hofer oder ich. Touché! Bin gespannt, ob Anja für Heubergers „kreativen Einsatz elektronischer Mittel" Punkte fordert.

## Montag, 19. August

**Sprache-zu-Text-Blog Anja Johannsen:**
Der Stuttgart-Termin dauerte nicht lange, weshalb Hans-Peter und ich noch in Ulm anhielten. Heuberger führte uns in der Mahler-Verwaltung durch eine vollkommen neu gestaltete Etage, die als Blaupause für das gesamte Gebäude dienen soll. Sämtliche Innenwände sind entfernt und der entstandene riesige Raum ist mit modernen Büromöbeln und vielen Grünpflanzen gestaltet. Mitarbeiter haben dort keine eigenen Plätze mehr. Ja, es gibt überhaupt nur noch Raum für 70 Prozent der auf diesem Stockwerk tätigen Mitarbeiter. 30 Prozent der Leute wären ohnehin immer krank, im Urlaub, in Schulungen, auf Geschäftsreise oder im Homeoffice, meinte Heuberger. Jeder Mitarbeiter hat einen Rollcontainer, der im Liftbereich geparkt ist. Kommt der Mitarbeiter am Morgen ins Büro, schnappt er sich seinen Rollcontainer und zieht ihn zu einem freien Schreibtisch. Das IT-System erkennt automatisch, wer den Schreibtisch besetzt und programmiert Computer und Telefon so, dass der Mitarbeiter keinen Unterschied zu seinem bisherigen Arbeitsumfeld merkt. Für Besprechungen gibt es einige separate Konferenzräume.

Laut Heuberger spart das neue Konzept viel Platz und zwingt außerdem die Mitarbeiter dazu, abends ihre Tische zu räumen, was für wesentlich mehr Ordnung sorge. Zudem fördere es den Austausch, wenn die Leute am Rande mitbekommen, was die ständig wechselnden Kollegen an den Nachbartischen gerade tun. Ich war sehr beeindruckt. Hans-Peter hat auch gestaunt, aber primär darüber, dass das Konzept so problemlos mit dem Mahler-Betriebsrat vereinbart werden konnte. In der Astrall-Zentrale hätte so etwas mehrere Jahre gedauert. Als wir wieder im Auto saßen, forderte ich zehn Punkte für Mahler – weil das Konzept innovativ, kommunikationsfördernd und auch kostensparend ist. Hans-Peter will über die Punkte erst entscheiden, nachdem wir auch ProfiPack besucht haben. Obwohl es schon recht spät war, ließ er den Fahrer nach Neu-Ulm fahren. Ich hätte mir denken können, dass er danach alles wieder relativiert. Typisch für ihn.

**Tagebuch Hans-Peter Neurath:**

Auf sein neuestes Werk ist Heuberger stolz wie ein Gockel. Das Ganze sieht zugegebenermaßen auch schick aus. Der Besuch bei ProfiPack war dann ein Kontrastprogramm. Auch Kuhn lässt den Verwaltungsbereich modernisieren, schon deshalb, weil die in die Jahre gekommene Ausstattung nicht ProfiPacks Qualitätsanspruch widerspiegelt. Kuhn geht einen diametral anderen Weg als Heuberger. Er setzt auf kleine Büros, in denen maximal vier Mitarbeiter zusammensitzen. So hätten die Mitarbeiter die zum konzentrierten Arbeiten notwendige Ruhe. Außerdem gäbe es an den Wänden genügend Platz für Bilder, Grafiken und Charts. Kuhn begründete das Konzept mit der Hirnforschung. Die hätte bewiesen, dass Mitarbeiter produktiver sind, wenn sie an ihrem unverwechselbar eigenen Arbeitsplatz sitzen. Laut Hirnforschung bevorzugen Menschen am Arbeitsplatz ein stabiles Umfeld, am besten immer den gleichen Blick und die gleiche Geräuschkulisse. Dadurch würde das Gehirn automatisch in den „Jetzt-ist-arbeiten-dran"-Modus schalten. Kuhn zeigte uns auch noch die neuen Projekträume. Jeder Raum unterscheidet sich in Farbe und Einrichtung deutlich von den anderen. Wer in einem Projekt tätig ist, hat im dazugehörigen Projektraum einen zusätzlichen fixen Arbeitsplatz. Wer in mehreren Kernteams mitarbeitet, hat also mehrere Arbeitsplätze: seinen normalen und je einen in den Projekträumen. Auch das hat offenbar mit Erkenntnissen aus der Hirnforschung zu tun. Demnach fokussiert sich das Gehirn automatisch auf die anstehenden Projektaufgaben, wenn ein Mitarbeiter sich räumlich in den richtigen „Kontext" bringt. Anja bemängelte die kleinen Büros und die zusätzlichen Projektarbeitsplätze als „Platzverschwendung" und „zu teuer".

Kuhn focht das nicht an. Zum einen wären die erzielten Nutzeffekte wesentlich größer als der zusätzliche Aufwand und zum anderen seien die Kosten pro Quadratmeter Bürofläche im Industriegebiet nicht mit den Kosten im Stadtzentrum zu vergleichen. Im Neu-Ulmer Werk würde aktuell kein Platzmangel herrschen. Notfalls würde er eine Fertigungshalle überbauen. Ich habe mich an das Besprechungszimmer mit den Laufbändern erinnert und nach den Erfahrungen damit erkundigt. Kuhn war das Thema offensichtlich unangenehm. Er meinte, die Idee hätte sich als Flop erwiesen. Das Besprechungszimmer sei zurückgebaut worden. Da sei man wohl über das Ziel hinausgeschossen. Das hätte ich ihm von Anfang an sagen können.

Im Auto unterhielten wir uns über die Punkte, die Mahler und ProfiPack für die neuen Bürokonzepte gebühren. Wir waren uns einig, dass beide Maßnahmen auf „unternehmerische Agilität" hinweisen. Anja bestand darauf, nur Heubergers Konzept könne unmittelbare Nutzeffekte – nämlich die Kosteneinsparung – vorweisen. Wir einigten uns auf fünf Punkte für ProfiPack und acht Punkte für Mahler. Anja brachte dann noch einmal das leidige Thema „BeCONNECT" hoch. Um des lieben Friedens willen habe ich ihr fünf Punkte zugestanden, weil die Einführung von BeCONNECT unternehmerischen Elan zeigt, wenngleich noch kein positives Ergebnis. Sie hat dann noch einmal zusätzlich fünf Extrapunkte für die Feedback-Komponente von BeCONNECT gefordert. Diese würde eine ungeheure Transparenz schaffen. Ich habe ihr die Punkte gegeben, was zeigt, dass ich bezüglich dieser ganzen Punktesache jetzt wesentlich entspannter bin. Kuhn hat nämlich erzählt, dass sich ProfiPack seit der Messe vor neuen Aufträgen nicht mehr retten kann. Jeder will eine flexiblere

Verpackungsstraße haben. Das wird sich im nächsten Jahr so stark in den betriebswirtschaftlichen Zahlen widerspiegeln, dass Mahler automatisch das Nachsehen haben wird. Der Erfolg wird sich sicherlich auch auf die Mitarbeiterzufriedenheit auswirken. Mag Anja in der Kategorie „Unternehmerische Agilität" gewinnen. Ich werde zeigen, dass Rotationsgeschwindigkeit für den Erfolg weniger wichtig ist als der Wirkungsgrad.

Kuhns Erwähnung der Hirnforschung hat mich wieder an Stephan Breitschwert erinnert, jenen Mann, der im Flugzeug einmal neben mir saß und mir von der Dopamin-Sucht unseres Gehirns erzählte. Ich werde ihn für einen Vortrag in der Vorstandsrunde buchen lassen.

**Sprache-zu-Text-Blog Anja Johannsen:**
Ich habe beim Durchblättern der Unterlagen von Professor Wollschläger eine Statistik gesehen, die offenbar nicht präsentiert wurde. Demnach verbringt ein typischer Mahler-Mitarbeiter viel mehr Zeit in Online- und Präsenzmeetings als ein typischer ProfiPack-Mitarbeiter. Dabei hatte ich immer angenommen, bei ProfiPack würden die geringeren E-Mail-Mengen durch mehr Besprechungen und Telefonate kompensiert. Stimmt aber nicht. Weder für Meetings noch für Telefonate. Auch bei internen Telefonaten liegt ProfiPack knapp unter Mahler. Glücklicherweise kennt Hans-Peter die Zahlen nicht. Der würde gleich wieder behaupten, die *Do-it!*-Kultur mit ihren klaren Zielen und Verantwortlichkeiten würde viele Kommunikationstransaktionen unnötig machen. Aber es muss eine andere Erklärung dafür geben und ich werde sie sicherlich auch finden.


# Dienstag, 20. August

**Sprache-zu-Text-Blog Anja Johannsen:**
Theodor Aufsetzer brachte mich heute in eine unmögliche Situation. Er will BrightFuture den MillTech-Konzern abkaufen und im Zuge dessen Hans-Peter vorzeitig ablösen. Das Pikante daran ist, dass Hans-Peter

keine Ahnung davon hat und zunächst auch nichts erfahren soll. Weil es eine Hochzeit zwischen zwei fast gleich großen Unternehmen sein wird, müssen wir laut Aufsetzer im Vorstand Platz für mindestens einen MillTech-Mann machen. Da würde es sich anbieten, Hans-Peters Abschied vorzuziehen. Was soll ich tun? Hans-Peter sagen, was da gerade hinter seinem Rücken läuft? Und wie stehe ich selbst dazu? Ein Jahr früher Chefin zu sein, hat schon etwas für sich. Damit wäre ich die jüngste DAX-Konzern-Chefin aller Zeiten.

## Mittwoch, 21. August

**Tagebuch Hans-Peter Neurath:**

Es ist unglaublich! Aufsetzer will doch tatsächlich MillTech kaufen! Nur um seinen alten Traum vom Global Player im Verpackungsmaschinengeschäft zu verwirklichen! Abgesehen von MillPack passt aber kein einziges MillTech-Unternehmen zu uns. Null Synergien! Aufsetzer weiß, dass das mit mir nicht zu machen ist. Deshalb will er mich vorzeitig entsorgen. Wie viele Aufsichtsräte er wohl schon von seiner verqueren Idee überzeugt hat? Anja hat mir heute die Sache im Vertrauen gesteckt. Ich kann nicht einmal etwas unternehmen, ohne sie bloßzustellen. Ich habe für zwei Stunden alle Termine abgesagt und mich in meinem Büro eingeigelt. Schon interessant, was man fühlt, wenn man vor die Türe gesetzt werden soll. So einfach wird das mit mir aber nicht funktionieren! Mit etwas Abstand finde ich es beachtlich, dass Anja mich informiert hat. Ob das mit unserem kleinen Geheimprojekt zusammenhängt? Das schuf über die letzten Jahre doch eine gewisse Nähe. Interessanterweise stört es mich mit am meisten, dass wir die Wette nicht zu Ende führen können, wenn Aufsetzer Erfolg hat. Ist das normal? Da fällt die Welt in sich zusammen und so ein Detail erscheint plötzlich wichtig. Es soll immer wieder Leute geben, die mit ihrem Auto Totalschaden bauen und nur darüber jammern, der Wackeldackel von der Hutablage sei kaputt.

## Donnerstag, 22. August

**Tagebuch Hans-Peter Neurath:**
Richard Land von Land & Partner hat meinen Vorstandsvertrag geprüft und mir versichert, dass mich Aufsetzer nicht so einfach loswerden kann. Da müsste ich schon eine gröbere Pflichtverletzung begangen haben. Habe ich aber nicht. Meine Aktien stehen also nicht schlecht. Solange ich allerdings offiziell nichts von Aufsetzers Aktion weiß, kann ich nichts dagegen tun.

## Montag, 26. August

**Tagebuch Hans-Peter Neurath:**
Jetzt ist es offiziell! Heute früh schneite Aufsetzer mit Anja im Schlepptau unangemeldet in mein Büro. Er verkündete, der Aufsichtsrat strebe eine Akquisition von MillTech an und es würde Sinn machen, im Rahmen der Akquise den Wechsel an der Astrall-Spitze vorzuziehen. Als künftige Vorstandsvorsitzende solle Anja Neurath die Akquisition durchführen. Ich brauche mich diesbezüglich nicht einzubringen. Anja war das Ganze sichtbar peinlich. Aufsetzer hat mir den Entwurf eines Aufhebungsvertrags dagelassen, den ich an Land & Partner geschickt habe. Richard soll sich den mal ansehen.

## Mittwoch, 28. August

**Tagebuch Hans-Peter Neurath:**
Aufsetzer hat ganze Arbeit geleistet. Praktisch alle Aufsichtsratsmitglieder begrüßen die Elefantenhochzeit. Wie kann man nur so blind sein? Aber wahrscheinlich genießt der Aufsichtsrat eines 400.000-Personen-Unternehmens höheren Status als der eines 270.000-Personen-Unternehmens. Vielleicht bekommt er auch mehr bezahlt. Anja hält sich mit Äußerungen zurück. Richard

Lang hat den Aufhebungsvertrag geprüft. Er meint, man könne mich nicht zum Unterschreiben zwingen, aber ich wäre dumm, wenn ich es nicht täte. Das, was man mir da anbiete, sei mehr als ein goldener Handshake. Wirtschaftlich hätte mir also nichts Besseres passieren können. Aber mein Ego wehrt sich noch.

## Freitag, 30. August

**Sprache-zu-Text-Blog Anja Johannsen:**
Hans-Peter kam heute Morgen in mein Büro um mir zu sagen, dass er vorzeitig ausscheiden wird. Frau Hofer wird mit ihm gehen. Hans-Peter hat für sie ebenfalls eine Abfindung ausgehandelt. Hans-Peter wirkte entspannter als in den vergangenen Tagen und bedankte sich bei mir für die frühe Warnung. Er wisse das sehr zu schätzen. Die Wette möchte er bis Februar laufen lassen. Am 28. Februar ist sein letzter Arbeitstag. Noch ist das streng geheim. Der Wechsel an der Vorstandsspitze soll gleichzeitig mit der Nachricht von der MillTech-Akquisition veröffentlicht werden. Bis es so weit ist, müssen wir erst einmal bei MillTech eine Due Diligence durchführen und den Preis festlegen. Das hängt jetzt alles an mir. Hans-Peter wird in der Angelegenheit keinen Finger rühren. Das hat er unmissverständlich klar gemacht.

## Dienstag, 10. September

**Sprache-zu-Text-Blog Anja Johannsen:**
Der Kaufvertrag mit BrightFuture muss aus steuerlichen Gründen noch vor Ende des Jahres über die Bühne gehen - was uns ungeheuer unter Druck setzt. Zum Glück haben wir eine computerbasierte Projektplattform gefunden, die den gesamten Akquise-Prozess optimal unterstützt. Heute kann man wirklich jede Leistung im Netz kaufen. Unglaublich gut! Alle im Projektteam sind zur absoluten Verschwiegenheit verpflichtet. Nichts darf ruchbar werden. Deshalb läuft auch die gesamte Kommunikation ausschließlich über die neue Projektplattform. Ich könnte mir schon jetzt die Arbeit ohne sie nicht mehr vorstellen.

# Mittwoch, 11. September

**Tagebuch Hans-Peter Neurath:**

Es ist wohl wirklich an der Zeit, dass ich abtrete. In Anjas Projektteam sind ausschließlich junge Leute, die ebenso wie sie „modern" agieren, hoch vernetzt und always-on. Den Großteil der Due Diligence führt ein Heer von externen Wirtschaftsprüfern, Rechtsanwälten und Unternehmensberatern durch. Alle von großen internationalen Gesellschaften. Nicht, dass ich an deren Qualifikation zweifle, aber ich hätte möglichst viele eigene Leute eingesetzt. Vor allem auch erfahrenere. Aber anscheinend macht man das heute so. Das Ganze kostet jedenfalls ein Vermögen. Anja brachte mir die Zugangsdaten für die Projektplattform und zeigte mir, wie ich mich dort jederzeit über die aktuellen Aktivitäten informieren kann. Nimmt sie allen Ernstes an, dass ich das wirklich tue? Adelt mich mein Tablet-Computer in ihren Augen derart? Die Projektplattform ist bei einem amerikanischen Cloud-Service-Anbieter angemietet. Als ich mein Befremden darüber äußerte, meinte Anja, das sei absolut sicher.

# Freitag, 13. September

**Tagebuch Hans-Peter Neurath:**

Ich stecke in einem Dilemma. Mahler und Astrall-Pack wollen die Technologien für die flexible Verpackung von ProfiPack lizenzieren. Damit würde Mahler umsatzmäßig an ProfiPack dranbleiben, was nicht im Sinne meiner Wette ist. Natürlich kann ich das unterbinden, aber die Entscheidung wäre Außenstehenden schwer vermittelbar.

# Donnerstag, 24. Oktober

**Sprache-zu-Text-Blog Anja Johannsen:**
Der gesamte Vorstand wurde von Hans-Peter dazu verdonnert, sich den Vortrag eines Stephan Breitschwert anzuhören. Nicht einmal für mich, die ich gerade mit der Abgabe unseres ersten Kaufangebots für MillTech extrem unter Druck stehe, hat Hans-Peter eine Ausnahme gemacht. Also war ich dort. Zwei Hauptaussagen hat Breitschwert in seinem Vortrag herausgestellt. Erstens: Die „Hardware" unseres Gehirns ist für überschaubare Informationsmengen gemacht. Die moderne Informationsflut überfordert es und führt mittel- und langfristig zu Schäden. Zweitens: Ruhepausen sind für unser Gehirn extrem wichtig, weil es dann die Informationen so verarbeitet, dass wir den Überblick behalten und die richtigen Schlüsse ziehen. In der „always-on"-Welt würden diese Pausen fehlen – mit fatalen Folgen für uns. Breitschwert war irritiert, dass mein Handy während des Vortrags immer wieder vibrierte. Als Berater hat er leicht reden. Er hat nicht wie wir den ständigen Entscheidungsdruck. Es mag ja sein, dass die moderne Kommunikation unser Gehirn mehr anstrengt als die alte, aber es gibt eben keine Alternative dazu. Unsere Welt hat sich gravierend verändert. Sie dreht sich schnell und wer nicht mitmacht, ist bald abgehängt.

# Mittwoch, 30. Oktober

**Tagebuch Hans-Peter Neurath:**
Anja kommt auf dem Zahnfleisch daher. Ich habe sie heute darauf angesprochen und ihr empfohlen, sich aus dem Tagesgeschäft des Akquise-Prozesses herauszuziehen. Doch sie versteht mich nicht. Der Deal sei viel zu wichtig, als dass sie sich herausziehen könnte. Meine Antwort: Je größer der Deal, desto wichtiger der Abstand. Es tut mir wirklich leid um Anja. Sie ist klug und engagiert. Aber wenn sie so weitermacht, wird sie nicht lange Vorstandsvorsitzende sein.

# Dienstag, 5. November

### Sprache-zu-Text-Blog Anja Johannsen:

Absolute Katastrophe! Kevin Bohn fällt wegen Burnout aus. Auch die anderen Teammitglieder sind nach über zweimonatigem Dauerstress merkbar erschöpft. Und das zu einem Zeitpunkt, zu dem BrightFuture unser erstes Orientierungsangebot als „lächerlich" zurückgewiesen hat. Eine Reaktion, die mir absolut unverständlich ist. Unser Angebot lag nicht weit von den 1,5 Milliarden entfernt, die BrightFuture selbst einmal als Zielpreis genannt hat.

# Freitag, 8. November

### Tagebuch Hans-Peter Neurath:

Die Ergebnisse der aktuellen Mitarbeiterbefragung sind da und zeigen für ProfiPack phantastische Zahlen. ProfiPack liegt mit deutlichem Abstand vor Mahler und Astrall Packaging. Bei Mahler ging die Zufriedenheit sogar leicht zurück. Hauptgrund dafür: Die Mitarbeiter erleben die Arbeit dort als immer stressiger. Kein Wunder, bei diesem E-Mail-, Chat- und Soziale-Medien-Wahn!

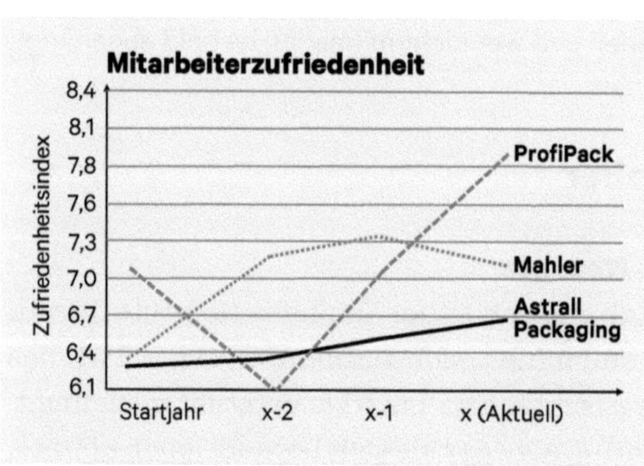


Außerdem fühlen sich Mahler-Mitarbeiter weniger wertgeschätzt als im letzten Jahr. Dass es auch anders geht zeigt ProfiPack, dort ist die Stresskennzahl gegen den allgemeinen Trend gefallen und die Mitarbeiter fühlen sich von ihrem Management wertgeschätzt. Anja fehlte bei der Präsentation leider. Bin gespannt, wann ihr das Akquise-Projekt einmal genügend Zeit lässt, sich mit den Zahlen zu beschäftigen.

## Sonntag, 10. November

### Sprache-zu-Text-Blog Anja Johannsen:

Hans-Peter glaubt anscheinend, bei unserer Wette in der Kategorie „Mitarbeiterzufriedenheit" in Führung zu liegen. Da hätte er besser einmal nachrechnen sollen. Schließlich geht es nicht um den absoluten Wert, sondern um die prozentuelle Änderung gegenüber dem Ausgangszustand. Und da hat sich Mahler in den letzten drei Jahren um 12 Prozent verbessert, während ProfiPack nur 11 Prozent zulegen konnte. Auch hätte er sich die Ergebnisse genauer anschauen sollen, statt zu behaupten, der hohe Stress bei Mahler würde durch die elektronische Kommunikation verursacht. Im Fragebogen erhielt das Statement „Die elektronischen Werkzeuge unterstützen meine Arbeit und erleichtern sie" von den Mahler-Angestellten nämlich phantastische 95 Prozent Zustimmung. Im Freitextfeld stehen Kommentare wie „Ohne E-Mail und Chat wäre die Arbeit überhaupt nicht mehr zu schaffen." Ich weiß nicht, warum sich so viele Mitarbeiter immer gestresster fühlen, aber an der elektronischen Kommunikation liegt es offensichtlich nicht. Elektronische Kommunikation ist eindeutig ein Teil der Lösung und nicht ein Teil des Problems. Das habe ich Hans-Peter geschrieben. Außerdem, dass er erst gar nicht auf die Idee kommen soll, die besseren Stresswerte bei ProfiPack dem anderen Umgang mit elektronischen Medien zuzuschreiben. Der Zusammenhang ist alles andere als klar. - Und jetzt muss ich dringend ins Bett.

## Dienstag, 12. November

### Tagebuch Hans-Peter Neurath:

Man könnte Anja den ultimativen Beweis vorlegen, sie würde ihn nicht sehen wollen! Laut Breitschwert sind für diesen blinden Fleck biochemische Prozesse auf der untersten Ebene unseres

Gehirns verantwortlich. Von Anja hätte ich aber erwartet, dass sie nach Breitschwerts Vortrag die Mechanismen versteht, die in ihr ablaufen. Bezüglich der Mitarbeiterzufriedenheit hat sie aber leider Recht. Mahler hat sich über den Zeitraum von drei Jahren wirklich stärker gesteigert, wenngleich von einem wesentlich niedrigeren Niveau aus. Bei den Umsatz- und Gewinnzahlen wird es jetzt spannend. Auch da ist Mahler von einem niedrigeren Niveau gestartet.

## Montag, 18. November

**Tagebuch Hans-Peter Neurath:**
Was Anja vom MillTech-Akquise-Projekt erzählt, macht keinen Sinn. Auch das zweite Angebot wurde abgelehnt. Jetzt redet BrightFuture schon von „über 2 Milliarden". Fast scheint es, als wolle BrightFuture gar nicht verkaufen. Dagegen spricht, dass MillTech im Datenraum volle Einsicht in hochvertrauliche Unterlagen gibt. Ulrike vermutet, dass BrightFuture einen Spion in unserem Projektteam sitzen hat. Ich habe unseren obersten Security-Mann darum gebeten, den Fall zu untersuchen. Ich glaube nicht an den Spion, vermute eher, dass die Projektmanagement-Plattform gehackt wurde. Was soll man denn erwarten, wenn die Datenbasis in den USA liegt?

## Donnerstag, 21. November

**Tagebuch Hans-Peter Neurath:**
Treffer! Unser Sicherheitsmann ist fündig geworden! Wirklich kein Spion! Aber auch kein direkter Hack in das Projektmanagement-System. Dafür ein Hack in Peter Zeitlingers Smartphone. Der ist einer der Always-On-Typen im Projektteam und war bislang äußerst stolz auf die Super-Kamera, die in seinem Handy verbaut ist. Dummerweise kann diese, ebenso wie das Mikro-

phon, ferngesteuert eingeschaltet werden. So war ein Beobachter bei jeder Projektteamsitzung live mit dabei. Außerdem scheint der Angreifer über Peter Zeitlingers Smartphone auch auf das Projektmanagement-System zugegriffen zu haben. Damit wir die Spur zurückverfolgen können, müssen wir den Lauscher bei der Arbeit beobachten können, also, wenn dieser die Verbindung einschaltet und zuhört. Die Security hat entsprechende Software auf dem Smartphone installieren lassen und Peter Zeitlinger angewiesen, sich weiterhin ganz normal zu verhalten. Zeitlinger hat total die Nerven verloren. Er hat gemeint, er könne unmöglich mit einem Handy durch die Gegend gehen, dem er nicht vertrauen kann. Vertrauen! Als ob man irgendeinem Smartphone vertrauen könnte! Jedes Kind weiß, dass die Dinger ständig Informationen weitergeben! Soll Zeitlinger das Handy beim Duschen halt mit der Kamera nach unten hinlegen und nicht singen! Wir haben Anja und Aufsetzer eingeweiht, sonst weiß noch niemand von der Sache.

## Mittwoch, 27. November

### Sprache-zu-Text-Blog Anja Johannsen:

Peter Zeitlinger hatte einen Zusammenbruch. Vorher hat er sein Smartphone aus dem achten Stock geworfen, wenigstens – dem Himmel sei Dank! - erst nach dem Projektteam-Meeting, bei dem es unserer Security gelungen war, die Spur des Lauschers zurückzuverfolgen. Der Angreifer hat die Spur offensichtlich sehr unprofessionell verwischt, weshalb die Security-Leute optimistisch sind, ihn auch geographisch lokalisieren zu können. Ich bin bei der Angelegenheit im Moment außen vor. Hans-Peter hat sie in die Hand genommen. Ich bin froh darüber. Unglaublich, wie zurückgelehnt und professionell er das alles handhabt. Ich beginne zu verstehen, was er meinte, als er neulich sagte: „Deine Aufgabe als Vorständin ist es, ausreichend Abstand zu halten." Abstand habe ich bei der Sache im Augenblick definitiv nicht. Mir flattern die Nerven.

# Freitag, 29. November

**Tagebuch Hans-Peter Neurath:**

Hatte heute den Managing Partner von BrightFuture am Telefon.
Habe ihm mitgeteilt, dass er bis zum Hals in der Scheiße sitzt.
Wir können unzweifelhaft nachweisen, dass die Angriffe aus der
BrightFuture-Zentrale heraus erfolgten (unsere Security kann
noch immer nicht glauben, dass die wirklich so dumm waren, das
aus dem eigenen Netz heraus zu machen). Ich habe ihm drei Tage
Zeit gegeben, der Sache nachzugehen und Konsequenzen zu ziehen. Sofern er nicht möchte, dass wir an die Öffentlichkeit gehen,
erwarte ich ihn nächsten Dienstag in München. Seine Freude
über das Telefonat hielt sich begreiflicherweise in Grenzen.

# Jahr 4

## Der Sieger ist ...

# Montag, 2. Dezember

**Sprache-zu-Text-Blog Anja Johannsen:**

Kevin Bohn bittet um ein Sabbatical. Seine Ärztin meint, er wäre schon die ganzen letzten Jahre auf Reserve gefahren. Das MillTech-Projekt sei lediglich der Tropfen gewesen, der das Fass zum Überlaufen gebracht hätte. Wenn er sein Leben nicht total umstellt, sieht sie ihn nicht alt werden – zumindest nicht auf eine Art, die ihm gefallen würde. Dabei ist Kevin gerade einmal Mitte dreißig. Die Burnout-Spezialistin verlangt, dass er die Finger von allen elektronischen Kommunikationsmitteln lässt. Deren ständige Nutzung, auch in der Freizeit, sei einer der gemeinsamen Nenner der Krankengeschichte bei den meisten ihrer Patienten. Das macht schon nachdenklich. Auch, dass Peter Zeitlinger so schnell die Nerven durchgingen. Vielleicht war auch das keine spontane Kurzschlussreaktion, sondern das Ende einer längeren, von mir nicht beachteten Entwicklung. Ich habe Franziska Zannoni gebeten, mir einmal die Krankentage von Mahler und ProfiPack zu besorgen. Wenn elektronische Kommunikationsmittel wirklich stark belasten, müssten die Mahler-Leute häufiger krank sein als die ProfiPack-Mitarbeiter. Außerdem habe ich Stephan Breitschwert angerufen und ihn gefragt, ob er mich im Umgang mit elektronischen Medien beraten kann. Er verwies mich an einen Kollegen und versprach, mir ein Buch dazu zu schicken.

# Dienstag, 3. Dezember

**Tagebuch Hans-Peter Neurath:**

BrightFuture musste heute die Unterhosen ausziehen. Der Managing Partner erschien pünktlich auf die Minute. Er wusste genau, in welchem Schlamassel er steckt und dass es BrightFuture wenig hilft, dass der dortige Projektverantwortliche inzwischen gefeuert wurde. Ich habe ihm versprochen, die Sache zu vergessen, wenn er uns das Verpackungsunternehmen MillPack für 300 Millionen Dollar verkauft. Natürlich war er darüber nicht glücklich. MillPack ist die Perle des MillTech-Konzerns und mindestens das Doppelte wert. Andererseits kann BrightFuture den Investoren auch bei einem Erlös von 300 Millionen immer noch einen Gewinn von 100 Millionen zeigen. Bright Future will darüber nachdenken. Ich denke, sie werden darauf eingehen.

## Freitag, 6. Dezember

### Sprache-zu-Text-Blog Anja Johannsen:

Im Buch „Management by E-Mail" bin ich heute auf das Zitat eines Professors der Stanford University gestoßen, der seit vielen Jahren kein E-Mail mehr nutzt. Es lautet: „E-Mail is a wonderful thing for people whose role in life is to be on top of things. But not for me; my role is to be on the bottom of things." Unter „top of things" versteht er, wenn man zeitnah in jedem Detail stecken muss, um seinen Job zu machen. „Bottom of things" steht für „auf den Grund gehen" bzw. „den Überblick behalten". Vielleicht ist es ja genau das: Wer operativ etwas bewegen will, muss elektronische Kommunikationsmittel intensiv nutzen. Je höher er in der Hierarchie aufsteigt, desto unwichtiger werden sie aber. Ganz oben sind sie relativ unwichtig – oder wie im Fall des Professors sogar störend. Das würde Hans-Peters Einstellung zu elektronischer Kommunikation erklären. Für sich selbst hätte er dann auch vollkommen Recht. Für den Großteil des Unternehmens aber natürlich nicht.

## Dienstag, 10. Dezember

### Sprache-zu-Text-Blog Anja Johannsen:

Falls sich Franziska Zannoni über mein ständiges Interesse an ProfiPack und Mahler wundert, so lässt sie es sich nicht anmerken. Gemeinsam schauten wir uns die Entwicklung der Krankheitstage bei beiden Unternehmen an. Die Krankenstände der Produktionsarbeiter sind nahezu identisch. Anders bei den Angestellten. Da bewegten sich die Krankenstände über die letzten Jahre deutlich auseinander. Mahler-Mitarbeiter sind öfter und länger krank. Sie haben auch deutlich mehr psychische

Krankheiten. Entgegen meiner eigenen Überzeugung habe ich Franziska gefragt, ob das mit der stärkeren Nutzung der elektronischen Kommunikationsmittel zu tun haben könnte. Franziska denkt, nein. So schnell würde sich eine Belastung sicherlich nicht auf die Gesundheit auswirken. Wenn überhaupt, würde das viele Jahre dauern. Ebenso wie ich sieht sie die Ursache für die höheren Krankenstände im bei Mahler als hoch erlebten Stress – wo immer der auch herkommt.

## Mittwoch, 11. Dezember

### Tagebuch Hans-Peter Neurath:

Theodor Aufsetzer strahlt wie ein Honigkuchenpferd. Er bekommt seinen Global Player im Verpackungsmaschinenbereich. Und das zu einem Schnäppchenpreis und ohne den restlichen MillTech-Bauchladen kaufen zu müssen. Dadurch ist mein Ansehen bei ihm wieder deutlich gestiegen. Heute wollte er mich sogar überreden, doch über die gesamte Dauer meiner ursprünglichen Vertragslaufzeit in Amt und Würden zu bleiben. „Weil wir ja jetzt keinen Vorstandsplatz mehr für jemanden von MillTech brauchen". Ich habe dankend abgelehnt. Inzwischen gefällt mir der Gedanke, Ende Februar meinen Hut nehmen zu können. Trotzdem tut das Angebot natürlich der Psyche gut.

## Donnerstag, 12. Dezember

### Sprache-zu-Text-Blog Anja Johannsen:

Egal, was sich letztlich als Ursache für die unterschiedliche Anzahl an Krankheitstagen herausstellt: Für mich ist klar, dass ich nur mit fitten und belastbaren Mitarbeitern erfolgreich sein kann. Wenn Stress in meinem Team ein Problem ist, müssen wir dagegen angehen. Angeblich kann man durch regelmäßige Meditation die Gehirnstruktur verändern und nicht nur Stress abbauen, sondern langfristig Kreativität, Ressourcenbewusstsein und sogar Empathie stärken. Ich werde Kevin Bohn zum Start seines

Sabbaticals deshalb so ein Training für achtsamkeitsbasierte Stress-
reduktion spendieren. Da wird es doch sicher auch Varianten für den
Einsatz im Unternehmen geben. Wenn Kevin meint, dass es sinnvoll ist,
werde ich alle meine Leute qualifizieren lassen.

## Mittwoch, 18. Dezember

### Tagebuch Hans-Peter Neurath:

Die Wette litt in den vergangenen Monaten deutlich unter dem Ak-
quiseprojekt. Heute hatte ich wieder etwas Zeit dafür. Helmwein
brachte die neuesten E-Mail-Zahlen. Demnach ist die E-Mail-An-
zahl pro Mitarbeiter bei Mahler noch einmal explodiert – und das,
obwohl Mahler im April BeCONNECT eingeführt hat. Helmwein
glaubt, dass viele der zusätzlichen E-Mails der 3S-Philosophie zu-
geschrieben werden können. Als Hauptverursacher der E-Mail-Ex-
plosion verdächtigt er aber BeCONNECT. BeCONNECT versendet
automatisch E-Mails, wenn eine neue Nachricht gepostet wird oder
jemand seinen Status ändert. Damit ist natürlich die Vergleichbar-
keit dahin. Während bei Astrall und ProfiPack jede E-Mail als eine
Informationstransaktion angesehen werden kann, weiß man bei
Mahler nicht mehr, ob eine E-Mail geschäftliche Informationen
enthält oder nur die Information, dass es woanders neue Informationen gibt. Helmwein kennt
mich inzwischen und meint,
dass es aus Sicht des Anwen-
ders eigentlich keinen Unterschied macht. Wenn eine
neu eingetroffene E-Mail
durch ein akustisches Sig-
nal angezeigt wird, weiß der
Empfänger ja nicht, dass es
sich „nur" um eine Benach-
richtigung handelt. Weil er
denkt, es sei eine E-Mail mit

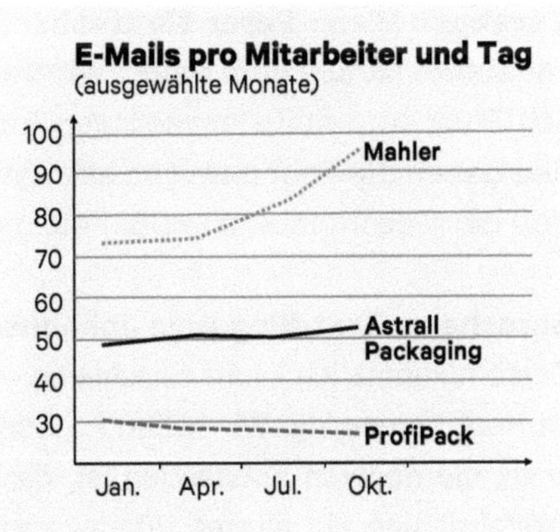

geschäftlichem Inhalt, unterbricht er seine Arbeit, um die E-Mail
zu lesen. Ich antwortete, dass hoffentlich kein Astrall-Mitarbeiter
so blöd ist, seine Arbeit für jede einzelne neue E-Mail zu unterbre-
chen. Helmwein schaute seltsam drein.

## Donnerstag, 19. Dezember

### Sprache-zu-Text-Blog Anja Johannsen:

Heute verbrachte ich den halben Tag mit dem E-Communication-Coach,
den mir Breitschwert vermittelt hat. Anhand eines Rasters analysierten
wir meine tägliche Kommunikation und Arbeit. Er gab kaum Ratschläge,
sondern stellte vorwiegend Fragen. Mehr war auch nicht nötig. Bei dem
Prozess wurde überdeutlich, dass ich mich einerseits mit einer Vielzahl
von Dingen herumschlage, die nicht zur Kernfunktion einer Vorständin
gehören und andererseits Themen vernachlässige, die für meine Funktion eigentlich wichtig wären. Zudem delegiere ich zu wenig. Ich habe mir
vorgenommen, im neuen Jahr einiges zu ändern. Mein bisheriger Arbeitsstil passte perfekt für meine früheren Aufgaben. Als Hans-Peters Nachfolgerin werde ich aber anders agieren müssen.

## Freitag, 20. Dezember

### Tagebuch Hans-Peter Neurath:

Die Katze ist aus dem Sack! Wir verkündeten die Akquisition von
MillPack und mein vorzeitiges Ausscheiden. So richtig verstan-
den haben die Journalisten letzteres nicht. Ihnen fehlt ja auch ein
Teil der Geschichte. Am 28. Februar ist endgültig Schluss.

### Sprache-zu-Text-Blog Anja Johannsen:

Gestern konnte ich kaum einschlafen, weil mir ewig eine bestimmte Frage
im Kopf herumging. Wir haben im Coaching über die Belastung gesprochen, die dadurch entstanden ist, dass jeder Beschäftigte im Zuge der
Digitalisierung ein ganzes Bündel zusätzlicher Tätigkeiten übernommen

hat, die nicht zu seinen originären Aufgaben gehören. Und zwar, ohne auch nur ansatzweise zu protestieren. Ich kann mich zum Beispiel nicht erinnern, jemals aufgefordert worden zu sein, ständig für die Firma erreichbar zu sein. Trotzdem war ich es praktisch vom ersten Arbeitstag an. Und warum tippe ich als Vorständin noch so viel selbst? Als Berufsanfängerin blieb mir ja nichts anderes übrig, weil es schon damals keine Schreibkräfte für die untere Hierarchiestufe gab. Wobei ich auch damals sicherlich niemanden für mich hätte tippen lassen. Die Frage stellte sich einfach nicht.

Und heute? Wie oft sitze ich in der Lounge mit meinem schicken, hand-gepäckgerechten Alu-Koffer und stelle mir selbst meine Boarding-Card aus - online natürlich -, verschiebe selbst meinen Rückflug und weise beim Warten noch schnell selbst die Buchhaltung an, die Gebühren für meine unterschiedlichen Web-Profile und die abonnierten Newsletter zu beglei-chen. Nicht davon zu reden, dass ich in jeder freien Minute auch selbst meine gesamte elektronische Eingangspost sichte und den Großteil per-sönlich beantworte. Und ich halte praktisch keine einzige Präsentation, bei der ich nicht noch einmal selbst in den Folien herumgebastelt habe. Wieso laden wir uns freudig immer mehr zusätzlichen Ballast auf, der mit unse-rer eigentlichen Aufgabe nur rudimentär zusammenhängt und den andere Leute – ich denke da an Reiseverkehrskaufleute, Gepäckträger, Graphiker, PR-Berater und Assistenten – eigentlich viel besser können? Ich habe im Bett gedanklich versucht, alle Tätigkeiten, die ich eigentlich nicht machen müsste, von meinem Arbeitstag abzuziehen und es blieben pro Tag über-raschend wenige Stunden übrig. Hatten unsere Vorgänger wirklich so ein cooles Leben? Haben die wirklich nur ein paar Stunden pro Tag gearbeitet? Oder haben die etwas getan, zu dem wir aufgrund unseres zusätzlichen Arbeitsballasts heute nicht mehr kommen? Falls ja: WAS WAR DAS?

## Montag, 23. Dezember

**Tagebuch Hans-Peter Neurath:**
Bei Mahler ist ein Mitarbeiter aus dem sechsten Stock gesprungen. Angeblich war er über dieses BeCONNECT-Feedback-Instrument

ziemlich heftig kritisiert worden. Anja ist erschüttert. Sie wirkt in letzter Zeit überhaupt recht nachdenklich. Wahrscheinlich realisiert sie so langsam, was ab März auf sie zukommt. Ich habe sie beruhigt, ihr gesagt, dass dieses BeCONNECT-Feedback mit Sicherheit nichts mit dem Selbstmord zu tun hat. Der Mann war wahrscheinlich psychisch labil und wäre auch gesprungen, wenn ihn ein entgegenkommender Passant nicht gegrüßt hätte. Ich habe Clemens Helmwein beauftragt, etwas mehr über die Angelegenheit herauszubekommen.

## Donnerstag, 2. Januar

### Sprache-zu-Text-Blog Anja Johannsen:

Der E-Communication-Coach hat mir geraten, maximal vierzig Minuten pro Tag vor dem Rechner zu sitzen. Den Zugang zu E-Mail, Messenger und Internet per Smartphone hat er ganz deaktiviert. Ich soll das Gerät für die nächste Zeit nur zum Telefonieren verwenden. SMS sind erlaubt. Puh, das ist eine totale Umstellung. Ich werde der ganzen Sache sechs Wochen geben. Das dürfte wohl reichen um zu sehen, was dran ist.

## Montag, 13. Januar

### Sprache-zu-Text-Blog Anja Johannsen:

Hans-Peter zeigt auch auf seine letzten Tage mehr Interesse an unserer Wette als am Gesamtkonzern. Er bat vorab um die Abschlusszahlen der Konzerntöchter. Er wird nur bedingt zufrieden sein. Zwar legte Profi-Pack bei Umsatz und EBIT in diesem Jahr sensationell zu. Aber im Vergleich zum Startjahr ist das Bild uneinheitlich. ProfiPack konnte in diesem Zeitraum seinen Umsatz um 1,5 Prozent mehr steigern als Mahler. Dafür erhöhte Mahler seinen EBIT um 1,2 Prozent mehr als ProfiPack. Ich würde das als ein typisches Remis bezeichnen.

**Gewinn & Verlust (in Mio €)**

|  |  | Startjahr | x-3 | x-2 | x-1 |
|---|---|---|---|---|---|
| **Astrall Packaging** | Umsatz | 341 | 349 | 359 | 372 |
|  | Gewinn | 33 | 35 | 36 | 38 |
| **ProfiPack** | Umsatz | 390 | 379 | 399 | 465 |
|  | Gewinn | 45 | 34 | 42 | 55 |
| **Mahler** | Umsatz | 274 | 292 | 305 | 322 |
|  | Gewinn | 24 | 25 | 27 | 29 |

**Tagebuch Hans-Peter Neurath:**

Es ist zum Mäusemelken! ProfiPack generiert pro Mitarbeiter deutlich mehr EBIT als Mahler. Trotzdem steigt Mahler in der Kategorie „EBIT-Zuwachs verglichen zur Startsituation" als Sieger aus dem Ring. Da hilft es nicht, zu lamentieren, dass Mahler von einer viel niedrigeren Basis aus gestartet ist. Bin gespannt, wie Anja das alles interpretiert. Am 12. Februar wollen wir über die Ergebnisse der Wette sprechen. Eigentlich sieht es für sie sehr gut aus. Trotzdem wirkt sie im Augenblick sehr angespannt. Belastet sie die anstehende Verschmelzung von MillPack, Astrall Packaging, Mahler und ProfiPack? Sie muss ja entscheiden, wer künftig das vereinte Unternehmen führen wird. Es stehen mindestens vier Kandidaten zur Verfügung, die bisherigen Geschäftsführer der einzelnen Verpackungsmaschinenhersteller. Heuberger hätte jedenfalls die nötige Zeit. Wie ich gehört habe, wurde er gerade geschieden. Das wundert mich nicht. Per WhatsApp lässt sich keine Ehe führen.

# Donnerstag, 16. Januar

**Sprache-zu-Text-Blog Anja Johannsen:**

Der Versuch, anders zu arbeiten, gestaltet sich viel schwieriger als gedacht. Ich vermisse es, quasi nebenbei etwas am Computer erledigen zu können. Vor allem aber vermisse ich mein Smartphone. Ich kann nicht eben mal „schnell etwas nachschauen". Der reinen Lehre nach sollte ich eigentlich entspannter sein. In Wirklichkeit bin ich gestresst. Manchmal fühle ich mein Handy in der Tasche vibrieren, obwohl alle Alarme abgestellt sind. Der E-Communication-Berater meinte, durch diesen Cold Turkey müsse ich durch. Auch die Zusammenarbeit mit meiner Sekretärin gestaltet sich nicht so, wie ich mir das vorstelle. Wobei ich selbst ja auch keine klaren Vorstellungen habe, wie das im Detail aussehen soll. Wie sehr darf ich ihr vertrauen? Wo hört das auf?

## Freitag, 17. Januar

**Tagebuch Hans-Peter Neurath:**

Clemens Helmwein hat berichtet, was er bezüglich des vorweihnachtlichen Fensterspringers herausbringen konnte. Der Mann wurde offenbar schon seit Jahren wegen Depressionen behandelt, was bei Mahler jedoch niemand wusste. Sein Bildschirm zeigte die Ergebnisse des persönlichen BeCONNECT-Feedbacks, deshalb das Gerücht, es könnte etwas mit seinem Sprung zu tun haben. Helmwein hat sich das Feedback angeschaut. Er bezeichnet es als „teilweise schon recht direkt, aber nicht so, dass ich deshalb aus dem Fenster springen würde". Er ist allerdings auch nicht depressiv.

Helmwein hat sich erkundigt, was die Beschäftigten von dem Feedback-Werkzeug insgesamt halten. Die überwältigende Zahl findet es gut. Einige kritische Stimmen glauben, dass bestimmte Kollegen ihren Frust ungestraft in dem Werkzeug austoben können. Sie beklagen, dass Bewertungen nicht hinterfragt und gelöscht werden können. Eine von Helmwein befragte Mitarbeiterin sieht allerdings ein vollkommen anderes Problem. Sie behauptet, dass bei Mahler inzwischen ein Wettbewerb um die besten Beurteilungen ausgebrochen sei (es gibt ja entsprechende Rankings für die besten Projekt-, Idee- und Personenbewertungen). „Inzwischen werden viele Entscheidungen danach getroffen, was zu den besten

Bewertungen führt – und nicht danach, was am besten für das Unternehmen ist", sagte sie. Ich finde diese Behauptung hochinteressant. Wenn unsere Wette nicht schon praktisch gelaufen wäre, würde ich Helmwein auf die Sache ansetzen. So lass ich es bleiben.

## Mittwoch, 22. Januar

**Sprache-zu-Text-Blog Anja Johannsen:**
Ich bin mir nicht sicher, ob ich das wirklich sechs Wochen durchhalte. Mir fallen ständig Arbeiten ein, die höhere Priorität haben als die Sache, mit der ich mich gerade beschäftige. Natürlich bräuchte ich für die meisten davon einen Rechner oder mein Smartphone. Es ist ermüdend, immer meine Sekretärin darum bitten zu müssen. Und es dauert länger. Von mehreren Seiten habe ich schon gehört, dass man sich über meinen neuen Arbeitsstil wundert, beispielsweise über die längere Reaktionszeit auf E-Mails. Ich kann die Unzufriedenheit verstehen. Ich bin auch nicht glücklich darüber.

## Freitag, 31. Januar

**Sprache-zu-Text-Blog Anja Johannsen:**
Heute hatte ich eine Erleuchtung. Ein richtiges Glückserlebnis. Ich rauschte in einem unglaublichen Tempo durch meine Aufgaben, hatte das Gefühl, Bäume ausreißen zu können. Erst im Nachhinein ist mir aufgefallen, dass ich dabei kein einziges Mal an meinen Computer und mein Smartphone gedacht habe. Laut E-Communication-Coach hat mein Unterbewusstsein heute endlich verstanden, dass ich nicht gestört werden will. Er meinte: „Erwarten Sie dieses Gefühl nicht jeden Tag – aber mit jedem zusätzlichen Tag immer öfter."

# Dienstag, 4. Februar



**Sprache-zu-Text-Blog Anja Johannsen:**

Manchmal lassen sich große Probleme ganz einfach lösen. Ich habe Frau Hofer gebeten, ein Jahr länger zu bleiben. Als meine Hauptsekretärin soll sie mir zeigen, wie sie und Hans-Peter zusammengearbeitet haben. Trotz Hans-Peters antiquiertem Arbeitsstil kann ich sicherlich viel von ihr lernen. Sie hat zugesagt. Ebenfalls mein Angebot angenommen hat Dr. Helmwein. Ab nächsten Monat ist er mein persönlicher Assistent. Auch er weiß vieles, was sonst mit dem Weggang von Hans-Peter verloren ginge. Ich bin richtig zufrieden mit mir.

# Mittwoch, 12. Februar

**Tagebuch Hans-Peter Neurath:**

Hatte heute eine längere Session mit Anja. Themen: Abschließende Bewertung unserer Wette und die Verschmelzung der Verpackungstöchter. Es war ein bemerkenswertes Gespräch.

Bezüglich der Wette waren wir uns schnell einig. Mahler punktete sowohl bei „Mitarbeiterzufriedenheit" als auch in der Kategorie „Unternehmerische Agilität". In der Kategorie „Umsatz- und EBIT-Wachstum" teilen sich die Unternehmen die Punkte. Bei der Innovationsrate hat ProfiPack aufgrund der zwölf Grundlagenpatente die Nase vorn. Damit hat Anja gewonnen. Anja gab unumwunden zu, dass ProfiPack wahrscheinlich sowohl bei der Mitarbeiterzufriedenheit als auch beim Umsatz- und EBIT-Wachstum gewonnen hätte, wenn die Wette über den gesamten ursprünglich geplanten Zeitraum gelaufen wäre. Sie wollte sich aber nicht darauf festlegen, dass die *Do-it!*-Methode dafür ursächlich gewesen wäre. Ich habe im Gegenzug zugegeben, die Dynamik und den „Stickiness Factor" von „elektronischem Spielzeug" unterschätzt zu haben.

Dann geschah etwa sehr Beeindruckendes. Anja sagte, sie sei zu dem Schluss gekommen, dass sich Mitarbeiter unweigerlich selbst ausbeuten, wenn sie elektronische Medien unbeschränkt nutzen können. Kurzfristig sei solch eine Selbstausbeutung für das Unternehmen natürlich vorteilhaft. Langfristig sei es aber eine Katastrophe, weil die Mitarbeiter ausbrennen und keine Spitzenleistung mehr bringen können. Im Endeffekt würde die ungezügelte Nutzung elektronischer Mittel sogar die langfristige Leistungsfähigkeit unserer gesamten Wirtschaft unterminieren. Das war das erste Mal in diesem Gespräch, dass ich mir dachte: „Die richtige Frau tritt meine Nachfolge an!"

Das zweite Mal dachte ich mir das, als Anja den Namen des künftigen Geschäftsführers der fusionierten Verpackungsmaschinenaktivitäten nannte. Max Heuberger! Das hätte ich genauso entschieden. Mit seinem elektronischen Spielzeug bringt Heuberger die vier vollkommen unterschiedlichen Unternehmenskulturen wahrscheinlich recht schnell auf eine Linie. Selbst bei ProfiPack werden die meisten Mitarbeiter zügig auf den neuen Zug aufspringen. Das menschliche Gehirn ist bezüglich Dopamin-Maximierung einfach zu fest verdrahtet, als dass sich die Mehrheit der Mitarbeiter dagegen wehren könnte. Durch die ProfiPack-Patente werden die nächsten Jahre für das fusionierte Unternehmen wirtschaftlich sehr erfolgreich werden – gleichgültig, wie viel Elan die Belegschaft verlieren sollte. Anjas Vertrag läuft fünf Jahre und in dieser Zeit werden wohl nicht allzu viele Mitarbeiter ausfallen. Wie es nach fünf Jahren weitergeht, wird sich dann zeigen.

Um Kuhn tut es mir persönlich leid. Er hat das getan, was ich von ihm verlangt habe – und das überaus gut. Stünde er weiterhin an der Spitze einer unabhängigen ProfiPack GmbH, wären die Mitarbeiter dort sicherlich in zehn, fünfzehn Jahren psychisch und physisch wesentlich besser gestellt als sie es in der neuen Konstellation sein werden. Aber die Wirtschaft denkt nun einmal immer kurzfristiger, auch auf Vorstandsebene.

# Dienstag, 10. März

**Sprache-zu-Text-Blog Anja Johannsen:**

Hans-Peter ist Geschichte. Ich muss mich erst daran gewöhnen, dass ich nicht mehr in sein Büro gehen kann, wenn ich eine Frage habe. Jetzt kommen die Leute mit ihren Problemen zu mir. Gott sei Dank habe ich Frau Hofer. Sie managt mich ebenso sehr wie ich sie. Und das ist gut so.

In den vergangenen Wochen ist mir immer deutlicher geworden, wie stark wir die Fundamente unserer Wirtschaft gefährden, wenn sich Mitarbeiter durch elektronische Kommunikationsmittel selbst schädigen oder sogar kaputtmachen dürfen. Und dabei geht es gar nicht um die Work-Life-Balance, wie ich früher immer dachte. Es geht vielmehr um eine Balance, die wir zwischen dem aktuellen Konsum und unserem zukünftigen Wohlbefinden finden müssen, also um eine Now-Future-Balance. Wenn wir zulassen, dass sich die Mitarbeiter heute ausbeuten, setzen wir damit ganz grundsätzlich ihre Energie und Leistungsfähigkeit, aber auch ihre Freude und Begeisterungsfähigkeit für neue Herausforderungen aufs Spiel. Die aber benötigen wir dringend, um im Wettbewerb zu bestehen. Die Vorstellung, dass sich in drei Jahrzehnten eine Armee von antriebslosen Zombies täglich zur Arbeit schleppt, macht mir wirklich Angst. Hans-Peter war ganz offensichtlich sehr überrascht über diese Sichtweise, als ich sie ihm vor fast einem Monat vorgestellt habe.

Ich bin einem Tipp von Hans-Peter nachgegangen und habe dabei festgestellt, dass es bei Astrall keine einzige Position gibt, die sich für das Thema „Kommunikations- und Arbeitskultur" zuständig fühlt. Timo Bannert stellt als CIO die IT-Infrastruktur bereit, was die Leute damit machen, interessiert ihn wenig. Und Franziska Zannoni kümmert sich zwar um das Personal, hat aber keine Handhabe, konzernweit eine Leitkultur festzuschreiben. Anja Reichelt von Global Communication hat auch ganz entsetzt abgewinkt, als ich sie fragte, ob sie sich für Effektivität, Effizienz, Qualität und Professionalität unserer internen Kommunikation verantwortlich fühle. Dafür habe sie weder die entsprechenden Kompetenzen noch das nötige Budget. Und sie werde einen Teufel tun, sich so ein Himmelfahrtskommando ans Bein zu binden. Ich habe mich bei den anderen DAX-Konzernen umgeschaut und bei denen ist es genauso. Der Kollege eines Versicherungskonzerns meinte, bei ihnen treibe als einziger der Konzernbetriebsrat das Thema voran. Weil der bestimmte Forderungen stelle, habe der Vorstand auf Management-ebene einen Gesprächspartner definiert. Aber mir ist das zu reaktiv. So etwas Wichtiges muss doch aktiv gestaltet werden. Morgen habe ich Kuhn bei mir. Ich werde versuchen, ihm die Stelle eines Referenten für Unterneh-menskultur schmackhaft zu machen. Er würde direkt an mich berichten. Das wäre schon einmal ein Anfang.

## Freitag, 22. Mai

**Tagebuch Hans-Peter Neurath:**
Anja ist schon wieder auf dem Titelblatt der Wirtschaftswoche. Im Interview betont sie, einer der Schlüssel für langfristigen wirtschaftlichen Erfolg sei Mindfulness, also Achtsamkeit in der Zusammenarbeit und in der Führung. Was für eine Entwicklung… Das Thema war ja schon mal ein Diskussionspunkt zwischen uns. Ich werde sie anrufen und ihr eine Wette vorschlagen. Ihr Ver-trag läuft ja noch nahezu fünf Jahre. Jede Menge Zeit für ein klei-nes Experiment.

# „Management by E-Mail"

Susanne Wagner & Günter Weick

### Weshalb ein Buch über E-Mail für Manager?

*„Je mehr wir kommunizieren, desto weniger scheint sich zu bewegen!"*

Noch niemals zuvor verfügten Führungskräfte über derart mächtige Kommunikationswerkzeuge wie heute. Gleichgültig wo wir uns aufhalten, ständig sind wir per Mobiltelefon und elektronischen Kommunikationsdiensten mit dem Unternehmen verbunden.

Vor allem E-Mail veränderte unsere Arbeit als Manager nachhaltig. Keiner unserer Vorgänger sichtete, geschweige denn tippte seine Post selbst. Heute bearbeiten Manager aller Hierarchie ebenen ihre elektronische Post mit der größten Selbstverständlichkeit – sie tun es zudem häufig noch rund um die Uhr, auf Reisen, während der Freizeit, an Wochenenden und sogar im Urlaub. Führungskräfte investierten wohl noch niemals so viel Zeit in die eigenhändige Bedienung eines komplexen Kommunikationswerkzeugs wie in die Bedienung von E-Mail und Messaging Applikationen.

Trotz der schnellen elektronischen Kommunikation und trotz des immensen persönlichen Einsatzes der Manager stiegen die Schlagkraft und die Reaktionsgeschwindigkeit der Organisationen nicht so an, wie man es erwarten könnte. Im Gegenteil. Insgesamt scheinen unsere Unternehmen eher schwächer und langsamer zu werden.

Nach vielen Projekten zur E-Communication-Effizienz haben wir für das Schwächeln eine Erklärung gefunden, die uns selbst sehr überrascht hat: Unternehmen werden deshalb schwach und langsam, weil sie die digitale Kommunikation falsch nutzen. Das erschien uns zunächst vollkommen widersinnig. Doch die Erfahrung zeigt, dass elektronische Kommunikation inzwischen praktisch allen Unternehmen mehr schadet als nützt.

Für die schädliche Nutzung der elektronischen Kommunikationsmittel sind nahezu ausschließlich die Führungskräfte verantwortlich. Sie ließen es während der vergangenen zwanzig Jahre zu, dass E-Mail sich jeder Prozessoptimierung entzog. Die Startbedingungen für neuere Kommunikationsmittel sind dadurch denkbar schlecht.

Führungskräfte versagten nicht nur bei der Organisation der elektronischen Kommunikationsmittel, sie lebten ihren Mitarbeitern jahrzehntelang einen falschen Umgang mit elektronischen Kommunikationsmitteln vor und ermutigten sie dadurch, ihr Kommunikationsverhalten in eine falsche Richtung zu entwickeln.

Der Grund für das Totalversagen ist, dass Führungskräfte die digitale Kommunikation als trivial einstuften. Sie glaubten, es reiche aus, Erfahrungen aus der Briefkommunikation zu übertragen und dem natürlichen Kommunikationsinstinkt zu folgen. Doch die elektronische Kommunikation ist nicht eine einfache Weiterentwicklung des traditionellen Schriftverkehrs. Sie hat mit den Schriftverkehr in etwa ebenso viel zu tun, wie ein atomgetriebener Flugzeugträger mit einem Floss. Und was den „natürlichen Kommunikationsinstinkt" angeht: So hilfreich dieser Instinkt in unserer Evolutionsgeschichte bislang war – in einer Welt extrem wachsender digitaler Kommunikation ist er vollkommen inadäquat. Vergleichbar ist das mit dem Instinkt des Igels, sich bei Herannahen einer Gefahr zusammenzurollen. Auch dieser Instinkt hat über Jahrtausende perfekt funktioniert – in einer Welt mit vielen Straßen und intensivem Autoverkehr ist er für den Igel inzwischen aber die Todesursache Nummer eins.

Durch den „natürlichen Umgang" mit der elektronischen Kommunikation haben sich zahllose Führungskräfte (und deren Mitarbeiter) in einen sich immer schneller drehenden Kommunikationsstrudel begeben. Heute stecken viele Manager schon derart tief in diesem Strudel, dass sie einen Großteil ihrer Energie allein darauf verwenden müssen, in der E-Mail-Flut nicht unterzugehen.

Viele erkennen inzwischen ihre Situation, der Großteil der Manager sieht das Problem aber noch nicht. Sie e-mailen aus Leibeskräften und in allen Lebenslagen - und verlieren dabei zunehmend zentrale Managementaufgaben aus den Augen.

Um es drastisch zu formulieren: Indem Manager e-mailen (statt zu managen) und indem sie zulassen, dass ihre Mitarbeiter e-mailen (statt ihre Ziele zu erreichen), verringern sie die Wettbewerbsfähigkeit ihrer Unternehmen.

Wir wollen Manager nicht diskreditieren. Niemand weiß besser als wir, wie hart viele von ihnen arbeiten, um der E-Mail-Flut einigermaßen Herr zu werden – und wie häufig sogar das Privatleben darunter leidet.

Unsere Botschaft lautet: Es ist nicht nötig! Es ist nicht nötig, sich an der elektronischen Kommunikation aufzuarbeiten! Man kann als Führungskraft elektronische Kommunikationsmittel so nutzen, dass Schlagkraft und Reaktionsgeschwindigkeit des Unternehmens zunehmen und gleichzeitig die persönliche Belastung drastisch sinkt.

In diesem Buch beschreiben wir, wie dies geht. Wir haben diese Methode nicht erfunden. Wir haben vielmehr in unseren E-Communication-Projekten besonders erfolgreiche Manager beobachtet. Dabei konzentrierten wir uns auf jene Führungskräfte, die nicht nur überdurchschnittlich erfolgreich sind, sondern bei denen wir auch immer das Gefühl hatten, dass sie jederzeit noch problemlos einen Zahn zulegen könnten.

Zu unserer Überraschung stellten wir fest, dass fast alle der von uns beobachteten Manager ähnlich mit elektronischer Kommunikation umgehen. Wir suchten die Ursachen, arbeiteten Gemeinsamkeiten heraus und führten das Ganze zu einem Idealbild zusammen.

Wir wussten nicht, ob auch andere Manager diese Verhaltensweisen erlernen und erfolgreich einsetzen können. Deshalb haben wir es bei unseren Kunden getestet. Das Ergebnis: Jeder Manager, der elektronische Kommunikation als Führungsaufgabe versteht und der die entsprechenden Schritte unternimmt, kann seinen eigenen Arbeitsalltag und den seiner Mitarbeiter nachhaltig verbessern.

**„Management by E-Mail"-Manager**

In diesem Buch bezeichnen wir jene Führungskräfte, die wir als Rollenmodelle für effektives und effizientes Mailen betrachten, als MbE-Manager[1]. Dabei steht MbE für „Management by E-Mail".

Wir möchten „Management by E-Mail" nicht zu einer Heilslehre hochstilisieren. Das ist sie nicht. Die Bezeichnungen „MbE" und „MbE-Manager" erleichtern uns lediglich den Verweis auf die vorbildhaften Führungskräfte und ihr spezifisches Verhalten.

Der MbE-Manager ist ein Idealtypus. Nur wenige unserer Vorbilder zeigen wirklich alle in diesem Buch geschilderten Verhaltensweisen. Ein typischer MbE-Manager zeigt aber die meisten. „Management-by-E-Mail" wird sowohl von weiblichen als auch männlichen Führungskräften praktiziert. Frauen sind bei „Management by E-Mail" unserer Erfahrung meist weiter als ihre männlichen Kollegen. Allerdings sind auch jene Personen weiblich, die wir am weitesten von den „Management-by-E-Mail"-Prinzipien entfernt erlebt haben.

---

1  MbE-Manager sind Führungskräfte, die nicht nur überdurchschnittlich erfolgreich sind, sondern auch so wirken, als könnten sie jederzeit problemlos noch einen Zahn zulegen. MbE-Manager sind auf allen Hierarchieebenen anzutreffen.

Um eines von vornherein klarzustellen: Man muss die MbE-Prinzipien nicht anwenden, um als Manager erfolgreich zu sein. Viele negative Effekte aus einem falschen E-Mail-Gebrauch lassen sich durch überdurchschnittlich hohen Arbeitseinsatz kompensieren. Dieser extrem hohe Arbeitseinsatz kann sogar kurzfristig karrierefördernd sein. Nämlich dann, wenn die Geschäftsleitung die „Rotationsgeschwindigkeit" eines Managers über seinen „Wirkungsgrad" setzt. Es fragt sich nur, ob ein Manager eine ungesund hohe „Rotationsgeschwindigkeit" über Jahrzehnte ohne Verschleißerscheinungen durchhält. Oder ob er nicht doch mittel- und langfristig (im Berufs- und im Privatleben) gegenüber jenen Managern zurückfällt, die ihre Ziele erreichen, ohne ständig ihre Kräfte über Gebühr beanspruchen zu müssen.

**Was MbE-Manager anders machen**

Eine MbE-Führungskraft unterscheidet sich hinsichtlich ihrer E-Mail-Praxis folgendermaßen von ihren Kollegen:
  · Sie hat eine besondere Einstellung zu E-Mail
  · Sie erhält und schreibt eher weniger E-Mails.
  · Ihr E-Mail-Aufkommen ist anders strukturiert.
  · Sie lässt sich gezielt helfen.
  · Sie nutzt bestimmte Arbeitstechniken.
  · Sie verfolgt bestimmte Führungsprinzipien.
  · Sie beeinflusst ihre Kommunikationspartner stärker.
  · Ihre Mitarbeiter spiegeln ihre Techniken.

In diesem Buch werden Sie lernen, wie dies im Detail aussieht. Allgemeine Ratschläge zur E-Mail-Gestaltung, zu Netiquette, zu allgemeinen Arbeitstechniken etc. werden in diesem Buch nur am Rande behandelt. Wir verweisen auf die hierzu erschienene Literatur - unter anderem auf unser eigenes Buch „Wenn E-Mails nerven" - sowie auf unser computerbasiertes Training und unser Seminarangebot.

**Welche Vorteile Sie erwarten**

*MbE-Coachee:*
*„Früher war ich ein managender E-Mailer. Jetzt ein mailender Manager. Der Unterschied ist frappierend."*

Führungskräfte, die sich auf die in diesem Buch gemachten Vorschläge einließen, berichteten innerhalb kurzer Zeit von folgenden Effekten:
· Bessere Ergebnisse
· Höhere Motivation
· Höhere Effizienz
· Bessere Qualität
· Mehr Zeit für Kernaufgaben
· Weniger Stress
· Mehr Spaß
· Höhere Arbeitszufriedenheit
· Besseres Arbeitsklima
· Mehr Privatleben

Diese Effekte traten sowohl bei den Managern selbst auf, als auch bei den von ihnen geführten Mitarbeitern. Ein Mitarbeiter drückte es einmal so aus: „Obwohl ich früher praktisch ständig online war, hatte ich immer das Gefühl, etwas Wichtiges zu versäumen. Seit mein Chef die neue E-Mail-Kultur lebt, bin ich nicht nur wesentlich entspannter und zufriedener, sondern schaffe auch deutlich mehr."

Manager können sich aus der *Management by E-Mail-Methode* bessere Karrierechancen erwarten. Auch wenn dies nicht das primäre Ziel von MbE ist, so ist doch klar: Wer gute Ergebnisse erzielt, zufriedene Mitarbeiter hat, souverän und entspannt wirkt und zudem noch über genügend Energiereserven verfügt, ist bei der Bewerbung um Stellen langfristig deutlich im Vorteil

# Die Autoren

**Gabriele Neumeier**

ist Diplom-Psychologin und arbeitet als selbstständige Managementberaterin, Trainerin und Führungskräftecoach.
*www.neumeier-hr.de*
*www.neumeier-achtsamkeit.de*

**Günter Weick**

ist Diplom-Kaufmann. Er ist Gründungsmitglied der Unternehmensberatung SofTrust Consulting, die seit 2001 auf die Gestaltung von E-Communication-Kultur in Unternehmen spezialisiert ist.
*www.softrust.com*